INHALT

Entdecken Sie den Spreewald und die Lausitz!

Der Spreewald mit seinem Fließgewässernetz und das Zittauer Gebirge mit seinen skurrilen Felsen sind die Glanzpunkte dieser Landschaft

Es kann Ihnen passieren, daß Sie mit »Witajće k nam!« begrüßt werden. Das ist sorbisch und heißt »Herzlich willkommen!« Vom Spreewald bis zum Oberlausitzer Bergland leben neben der deutschen Bevölkerung als kleine slawische Minderheit etwa 60 000 Sorben. In großen Teilen der Nieder- und der Oberlausitz fallen (in Deutschland einmalig) zweisprachige Orts- und Straßenschilder auf. Landschaftliche Vielfalt, kulturelle Traditionen und religiöse Besonderheiten zeichnen die Lausitz aus. Vor allem die Sorben prägen mit ihrer Sprache und ihrem Brauchtum diese Region. Den Höhepunkt im Jahreslauf bildet das Osterreiten in der Oberlausitz, das Tausende von Schaulustigen von nah und fern anzieht. Schon im 15. Jh. – so liest man in Chroniken – existierte dieser Osterbrauch, bei dem Reiter die Botschaft von der Auferstehung Christi von Hoyerswerda nach Wittichenau trugen. Und noch heute findet das Osterreiten nach altem Ritual statt: Die Pferde werden mit perlmuttbesetztem Zaumzeug und großen, weißen Schwanzschleifen geschmückt, die Reiter erscheinen im schwarzen Gehrock, mit weißen Handschuhen und Zylinder. Unter Glockengeläut setzt sich die Prozession in Bewegung, unterwegs wird in sorbischer Sprache gesungen und gebetet. Nur in der Stadt Wittichenau teilt sich die Prozession seit der Jahrhundertwende in einen sorbischen und einen deutschsprechenden Teil. Wittichenau stellt mit rund 400 Reitern die größte Prozession, meist gefolgt von den Ralbitzern mit 250 Reitern.

Zu den großen kulturellen Leistungen der Sorben zählt, den Spreewald urbar gemacht zu haben. Mit seinem 970 km

Fließe heißen die Wasserarme, die oft die einzige Verbindung zwischen den Gehöften sind

Unterwegs im Sorbenland, zweisprachiges Ortsschild

langen, feingegliederten Fließgewässernetz gehört er zu den besonders eindrucksvollen Niederungslandschaften Europas. Der berühmte Arzt und Wissenschaftler Rudolf Virchow (1821 bis 1902) meinte begeistert, im Spreewald sei »soviel landschaftliche Schönheit erhalten und diese von so ausgeprägter Eigenart, daß kaum eine andere Gegend von Deutschland ein Vergleichsobjekt darbietet«.

Der Spreewald ist 75 km lang und bis zu 16 km breit, er teilt sich in den Unter- und den Oberspreewald. Die etwa dreihundert Fließe genannten Wasserarme sind noch heute oft die einzigen Verbindungswege zwischen den Gehöften, und der kiellose, flache Holzkahn mit dem Rudel ist das nach wie vor wichtigste Transportmittel. Rudel heißen die bis zu vier Meter langen Stangen aus Eschen- oder Erlenholz, mit denen die Kähne fortbewegt werden. Eine Fahrt mit ihnen stellt ein besonders schönes Erlebnis dar, vor allem im Frühjahr und im Herbst, wenn wenige Meter nach dem Ablegen im Kahnfährhafen Stille das Boot umgibt. In der Touristensaison dagegen starten in den Mittags- und frühen Nachmittagsstunden in Lübbenau, Lübben und Burg Dutzende von Kähnen, um Hunderte von Menschen in den Gaststätten an den Hauptkanälen abzusetzen. Wer im Sommer Natur pur möchte, sollte daher in die Randdörfer wie Straupitz oder Raddusch fahren, denn die dort beginnenden Fahrten führen meist über weniger frequentierte Fließe. Und wer mit dem Paddelboot auf Reisen geht, wird über die Fülle an noch unentdeckten, romantischen Winkeln des Spreewalds staunen!

Die Fährleute wissen viel zu erzählen, von kleinen Kobolden, die im Spreewald ihr Unwesen treiben, und auch davon, wie diese Landschaft entstanden sei. Diese Geschichte hört sich meist so an: »Der Teufel pflügte mit zwei Ochsen das Bett der Spree. Die Tiere waren müde und träge, was den Teufel in Wut brachte. Er nahm seine Mütze und warf sie nach den Ochsen. Die rannten erschrocken los, zogen den Pflug kreuz und quer hinter sich her und schufen so das Netz der Wasserläufe.« Das wohl erste Loblied auf einen Spreewald-Kahnfährmann verfaßte Theodor Fontane nach seinem Besuch 1859; in den »Wanderungen durch die Mark Brandenburg« steht es gedruckt:

»Und daß dem Netze dieser Spree-Kanäle
Nichts von dem Zauber von Venedig fehle,
Durchfurcht das endlos wirre Flußrevier
in seinem Boot der Spreewald-Gondolier!«

Nur wenige Kilometer vom Spreewald entfernt bieten sich hingegen erschreckende Bilder:

gigantische Mondlandschaften, soweit das Auge schauen kann. Durch Braunkohlebagger wurden Wälder, Äcker, Wiesen und Dörfer vernichtet, Flüsse und Bäche verlegt. Die Braunkohle ist seit rund 150 Jahren Motor der industriellen Entwicklung dieser Region. In der dahingeschiedenen DDR war das »Schwarze Gold«, wie die Lausitzer sagen – wie nirgendwo sonst in der Welt – der wichtigste Energieträger. Seit 1990, nach der Vereinigung Deutschlands, wurde die Produktion gedrosselt, doch auch in den kommenden Jahrzehnten wird es noch große Tagebaue mit gewaltigen Förderbrücken, Baggern und elektrisch betriebenen Zügen geben. Damit sich die Riesenlöcher nicht mit Grundwasser füllen, arbeiten Tag und Nacht starke Pumpen. So sind zum Beispiel aus dem zwischen Weißwasser und Hoyerswerda liegenden Tagebau Nochten jede Minute mehr als 200 m^3 Grundwasser nach oben zu fördern. Die Wasserexperten haben ein kompliziertes System auszubalancieren, funktionierende Tagebaue sind leerzupumpen, ausgekohlte Gruben zu fluten, ohne daß die vorhandenen Feuchtgebiete wie der Spreewald Schaden nehmen.

Die Rekultivierung der ausgekohlten Gruben blieb in den vergangenen Jahrzehnten wegen des hohen finanziellen Aufwands hinter der Neuerschließung zurück. Doch wo sie stattfand, wurden der Lausitzer Landschaft regelrechte Perlen eingefügt. So stehen der Knappen-, der Silber- und der Senftenberger See mit ihren Sandstränden als Bade-, Segel-, Surf- und Anglerparadiese in gutem Ruf.

Der Name Lausitz ist eine historisch entstandene Landschaftsbezeichnung. Und wie bei den meisten Landschaften gibt es auch hier keine exakten Grenzen. Ursprünglich wurde unter Lausitz nur das Gebiet der heutigen Niederlausitz verstanden, die beim Unterspreewald beginnt und südlich von Senftenberg und Spremberg an die Oberlausitz

Wenn im Spreewald Feste gefeiert werden, wird alles aufgeboten, was die Region zu bieten hat

Geschichtstabelle

um 600
Slawische Stämme besiedeln das Land

932
Heinrich I. besiegt die sorbischen Stämme

ab 1150
Einwanderung fränkischer, flämischer, thüringischer und sächsischer Siedler

1328
Erstmals wird der Name Spreewald genannt

1346
Der Oberlausitzer Sechsstädtebund mit Bautzen, Görlitz, Kamenz, Löbau, Zittau und Lauban (heute Polen) entsteht

nach 1450
Die Bezeichnungen Ober- und Niederlausitz bilden sich heraus

1815
Die Niederlausitz und Teile der Oberlausitz mit Görlitz muß Sachsen auf dem Wiener Kongreß an Preußen abtreten. Sie werden in die Provinz Brandenburg und Schlesien eingegliedert

1875
Verbot der sorbischen Sprache an den Schulen der preußischen Nieder- und Oberlausitz

1912
Gründung der Domowina in Hoyerswerda als unabhängiger Dachverband von 31 sorbischen Vereinen

1937
Verbot der Domowina durch die Nationalsozialisten, alle sorbischen Aktivitäten gelten als staatsfeindlich

1949
Gründung der DDR

1950
Der Vertrag über die Anerkennung der Oder und Neiße als Staatsgrenze wird von der DDR und Polen unterzeichnet

1952
Auflösung der Länder, die Niederlausitz kommt zum Bezirk Cottbus, die Oberlausitz überwiegend zum Bezirk Dresden

1990
Erste freie Wahlen in der DDR, die Niederlausitz gelangt zum neuen Bundesland Brandenburg, die Oberlausitz zum Freistaat Sachsen; Beitritt der DDR zur Bundesrepublik Deutschland

1992
In den Verfassungen des Landes Brandenburg und des Freistaates Sachsen werden der Schutz und die Förderung der sorbischen Identität und Kultur festgeschrieben

1995
Cottbus richtet als erste Stadt in den neuen Bundesländern die Bundesgartenschau aus

1998
In Cottbus findet der erste Gedenktag für die 128 seit 1924 dem Braunkohletagebau geopferten sorbischen Dörfer statt

stößt, die wiederum im Westen das Flüßchen Pulsnitz begrenzt. Der östliche Teil der Lausitz gehört seit 1945 zu Polen. Bereits in früher Zeit haben Menschen diese Landschaft verändert. Die ausgedehnten Teichgebiete, die der Fischzucht dienen, entstanden meist bereits im Mittelalter, bildete doch Fisch die hauptsächliche Nahrung der katholischen Bevölkerung während der Fastenzeit. Menschliches Können schuf im vorigen Jahrhundert in der tristen Heidelandschaft zwei Prachtexemplare der Landschaftsgestaltung, die zu den herausragenden in Europa gehören. Hermann Fürst von Pückler-Muskau hat sie auf eigenem Grund und Boden kreiert: den Branitzer Park in der Niederlausitz und den Muskauer Park in der Oberlausitz. Das Credo des Gartenkünstlers: »Der Park soll nur den Charakter der freien Landschaft haben, die Hand des Menschen wenig darin sichtbar sein.« Und so ist es: In Branitz und Muskau scheint alles natürlich gewachsen, doch jeder Hügel, jeder See, jeder Baum entstand durch Menschenhand. In Branitz ließ der Fürst 400 Bäume herbeischaffen und 100 000 Kubikmeter Erde ausheben, was ihm den Spottnamen »Erdebändiger« einbrachte.

Der Spreewald ist flach wie ein Brett, und auch sonst weist die Niederlausitz wenige Hügel auf. Die Oberlausitz dagegen kann ein richtiges Gebirge vorweisen, dessen Berge bis zu 800 m ansteigen. Auf viele von ihnen setzte man Aussichtstürme, von denen bis in die Tschechische Republik und über die Lausitzer Neiße nach Polen geschaut werden kann. Der größte Teil dieses Zittauer Gebirges liegt auf dem Gebiet der Tschechischen Republik, wo es Lužické hory (Lausitzer Gebirge) heißt.

Mischwälder mit Buchen, Eschen und Bergahorn überziehen die Bergkämme, in den Tälern findet man Dörfer mit sogenannten Umgebindehäusern. Etwa drei- bis viertausend davon gibt es noch in der Oberlausitz, sie stellen das größte geschlossene Gebiet einer Volksarchitektur in Europa dar. Vom Oberlausitzer Bergland ins Zittauer Gebirge schlängelt sich der 115 km lange Oberlausitzer Bergweg, der auf dem Valtenberg bei Bautzen beginnt und über den Kottmar, Großschönau und die Lausche nach Zittau führt. Diese südlichste Stadt des Gebietes setzt mit ihren städtebaulichen Kostbarkeiten aus mehreren Jahrhunderten – wie auch Cottbus, Bautzen und Görlitz – Akzente in der Landschaft.

Die Menschen in der Lausitz sind dabei, ihr Land nach 40 Jahren DDR-Mißwirtschaft anziehender zu machen: Sie putzen die Städte heraus, verschönern die Dörfer und verwandeln triste Braunkohle-Landschaften in Erholungsparadiese. Manches für die Freizeitgestaltung ist bereits entstanden. Radwege schlängeln sich durch Wiesen und Wälder, neue Bäder bieten Badespaß, das Kulturangebot wurde vielseitiger. Die Veränderungen gehen unaufhaltsam weiter. Landschaftliche Glanzpunkte hat die Lausitz heute zwei: den Spreewald und das Zittauer Gebirge. Bis zum Jahr 2020 wird ein dritter hinzukommen: die Lausitzer Seenplatte mit satten Wiesen und viel Wald.

Sorben und Umgebindehäuser

Das kleinste slawische Volk und eine seltene Volksbaukunst gehören zu den Besonderheiten der Lausitz

Bart-Ćišinski, Jakub (1856–1909)
Der Klassiker der sorbischen Literatur, Jakub Bart, schrieb später unter dem Pseudonym Ćišinski (der Schweigsame). Besonders seine Lyrik spricht von tiefer Liebe zum sorbischen Volk, darunter das Versdrama »Na hrodźišću« (Auf der Schanze). In seinem Geburts- und Sterbeort Panschwitz-Kuckau wird der Dichter, Publizist und Prosaist mit einem Denkmal und einer kleinen Ausstellung in der Grundschule geehrt.

Biosphärenreservate
Der Spreewald wurde mit einer Fläche von 47,6 km² zum Biosphärenreservat erklärt, um die Kulturlandschaft als Lebensraum zahlreicher Tier- und Pflanzenarten zu erhalten. Die schon heute intensive Belastung durch den Tourismus soll landschaftsschonend gesteuert werden. Das Biosphärenreservat Oberlausitzer Heide- und Teichlandschaft, das einzige im Freistaat Sachsen, erstreckt sich mit einer Größe von 26,4 km² südlich von Hoyerswerda in östlicher Richtung. In diesem Gebiet existiert die bedeutendste Fischotterkolonie Deutschlands. Weltweit gibt es etwa 300 solcher zum Forschungsprogramm der Unesco »Der Mensch und die Biosphäre« gehörenden Schutzgebiete. In ihnen wird eine von Menschen geprägte Kulturlandschaft geschützt und gepflegt, im Gegensatz zu den Nationalparks, in denen sich die Natur nach ihren Gesetzen entwickeln darf.

Umgebindehäuser sind typisch für die Oberlausitzer Bauweise auf dem Land

Blaudruck
Was allgemein »Blaudruck« heißt, nennen die Fachleute »Reservedruck«, da mit dem Blau nicht gedruckt, sondern gefärbt wird. Das Muster wird durch eine Reservage, Papp genannt, auf dem Stoff abgedeckt und bleibt beim Färben somit weiß, also reserviert. Der Blaudruck ist bei den Sorben beliebt. Besonders schöne Blaudrucke zeigen die Museen in Bautzen, Hoyerswerda und Spremberg. In der ältesten historischen Blaudruckwerkstatt der Lausitz, in Pulsnitz, hat sich die Technologie seit dem 17. Jh. nur wenig verändert.

Die Marco Polo Bitte

Marco Polo war der erste Weltreisende. Er reiste in friedlicher Absicht, verband Ost und West. Er wollte die Welt entdecken, fremde Kulturen kennenlernen, nicht zerstören. Könnte er für uns Reisende des 20. Jahrhunderts nicht Vorbild sein? Aufgeschlossen und friedlich sollte unsere Haltung auf Reisen sein. Dazu gehören auch Respekt vor Mensch und Tier und die Bewahrung der Umwelt.

WWF

Blechen, Karl (1798–1840)
Der in Cottbus geborene Landschaftsmaler war Professor an der Berliner Akademie. Das Fürst-Pückler-Museum seiner Geburtsstadt besitzt von ihm u.a. »Die Kreidefelsen auf Rügen«, »Berggipfel im Harz« und »Der Sandweg«. Blechens Bilder zeichnen sich oft durch unbedeutende Motive, aber eine genaue Naturbeobachtung aus. Blechen malte als einer der ersten deutschen Künstler Industrie- und Großstadtmotive.

Böhme, Jakob (1575–1624)
»Philosophus teutonicus« wurde der 1599 als Schuhmachergeselle nach Görlitz gekommene Böhme von seinen Verehrern genannt. Er gilt als bedeutender deutscher Denker zwischen Reformation und Aufklärung. Böhme, der kraftvoll, naiv und bildhaft schrieb, entwickelte eine stark mystisch geprägte Naturphilosophie und hinterließ ein 4000 Seiten umfassendes Werk, darunter die Schrift »Aurora oder die Morgenröte im Aufgang« (1612), mit der er sich gegen den erstarrten Protestantismus wandte. Böhmes Grab mit einem Stein aus dem 19. Jh. befindet sich nördlich der Görlitzer Nikolaikirche, ein Denkmal aus dem Jahre 1898 im Stadtpark.

Braunkohle
Seit Mitte des 19. Jhs. wird in der Lausitz Braunkohle in großen Mengen abgebaut. Braunkohle ist reich an bituminösen Bestandteilen und verbrennt deshalb mit stark rußender Flamme und unangenehmem Geruch. In der DDR diente die Braunkohle vor allem der Elektrizitäts- und Gaserzeugung; aus ihr wurden auch Benzin und Paraffine und zahlreiche Rohstoffe für die chemische Industrie gewonnen. Der Abbau der Braunkohle erfolgt in Tagebauen; in der Lausitz wurde er seit den sechziger Jahren intensiviert. Nicht im gleichen Maße entwickelte man die technischen Einrichtungen zur Reinhaltung der Luft, was zu starken Belastungen der Umwelt führte. Mit der Wiedervereinigung Deutschlands haben sich im Bedarf und Einsatz von Braunkohle und ihren Veredelungsprodukten bedeutende Veränderungen ergeben; der Abbau ging stark zurück. 1999 gibt es von einst 17 Tagebauen nur noch fünf. Schilder führen zu Aussichtspunkten am Rande der Tagebaue.

Seit 1924 wurden in der Lausitz 128 Dörfer und Ortsteile abgebaggert, ab dem Jahr 2003 soll auch die Gemeinde Horno der Braunkohle weichen.

Camera obscura

Eine Touristenattraktion auf dem Berg Oybin: Vom Dach eines kleinen Gebäudes wird die Umgebung farbig live in das dunkle Hausinnere projiziert. Die Technik besteht lediglich aus einem Linsensystem mit einer Brennweite von 296 cm und einem Durchmesser von 20 cm sowie einem im Winkel drehbaren Spiegel, um die Blickrichtung zu verändern. Nach dem System der Camera obscura arbeitete der primitive Fotoapparat »Box«. Die erste Einrichtung dieser Art auf dem Berg Oybin entstand 1852, die heutige, die lichtstärkste in Europa, besteht seit 1983. In Deutschland existieren Camerae obscurae noch in Hainichen (Freistaat Sachsen) und in Mülheim an der Ruhr.

Domowina

Politisch unabhängiger Dachverband sorbischer Vereinigungen, am 13. Oktober 1912 in Hoyerswerda von 60 Delegierten aus 31 Vereinen gegründet. Den Namen Domowina (Heimat) hat der Mitbegründer, Pfarrer Gotthold Schwela, vorgeschlagen. Im Oktober 1933 protestierte die Domowina gegen die Ausweisung sorbischer Lehrer aus der Lausitz, vier Jahre später verboten die Nationalsozialisten den Verband. Im Mai 1945 wurde die Domowina wiedergegründet, der Vorstand hat seinen Sitz in Bautzen.

Fauna

Hirsche, Rehe und Wildschweine kommen in der gesamten Lausitz vor, auch der Steinmarder. Typischer Vogel der Niederlausitz ist der Weißstorch, 350 Paare brüten jährlich auf Dächern, Schornsteinen und Telefon- oder Stromleitungsmasten, das sind über zehn Prozent aller Brutpaare Deutschlands. Im Spreewald kann der Weißstorch nahezu in jedem Dorf beobachtet werden. Der scheue Schwarzstorch und der Kranich fühlen sich in dieser Region ebenso wohl wie Eisvogel und Fischotter. An Schlangen wurde in den letzten Jahren im Spreewald nur die harmlose Ringelnatter beobachtet, im Oberlausitzer Bergland und dem Zittauer Gebirge gibt es auch die giftige Kreuzotter. Zum Spreewald gehören leider auch Mücken, die manchmal die Freude an einer Kahnfahrt oder einem Spaziergang erheblich beeinträchtigen können. Im Bergland kann man das Klopfen des Schwarz- und des Buntspechtes hören. Wanderfalke und Uhu zählen zu den seltenen Vögeln, hingegen kann man den Mäusebussard über den Felsen des Zittauer Gebirges noch oft beobachten.

Fichte, Johann Gottlieb (1762–1814)

Der in Rammenau geborene Philosoph des klassischen deutschen Idealismus war 1811/12 der erste gewählte Rektor der Berliner Universität. Geboren wurde Johann Gottlieb Fichte als Sohn armer Bandweber. Durch die Protektion des Freiherrn von Miltiz konnte er eine gute Schulbildung erwerben. Fichte studierte in Leipzig und Jena. Das Museum Barockschloß Rammenau würdigt sein Leben und Schaffen, im Schloßpark steht ein Denkmal für den glühenden Verfechter der Ideen der Französischen Revolution.

Flora

Den einst für den Spreewald typischen Erlen-Eschen-Wald gibt es nur noch im Innern des Oberspreewalds und im Unterspreewald. Bei Lübbenau, Lübben und Schlepzig blüht die aus Südeuropa stammende Sommerknotenblume, von den Spreewäldern als großes Schneeglöckchen bezeichnet. Es ist das einzige Vorkommen dieser Art im Osten Deutschlands. Im Bergland der Oberlausitz herrschen Fichten- und Kiefernforste vor, ausgedehnte Bergmischwälder mit Buchen, Bergulmen, Eschen und Bergahorn haben sich auf der Lausche, dem Hochwald und dem Jonsberg erhalten. In der Kiefernheide im Norden der Oberlausitz können reichlich Heidel- und Preiselbeeren geerntet werden.

Hermann Fürst von Pückler-Muskau (1785–1871)

Das Leben des in Muskau geborenen und in Branitz bei Cottbus verstorbenen Gartenarchitekten war nicht eintönig: Er machte Furore als tollkühner Reiter der königlich-sächsischen Armee, floh vor seinen Gläubigern durch halb Europa, erregte Aufsehen durch galante Abenteuer, fuhr mit vier einer Kutsche vorgespannten weißen Hirschen in Berlin Unter den Linden entlang! Zu den großartigsten Landschaftsgestaltungen des umtriebigen Fürsten gehören in der Lausitz die Parks von Branitz und Bad Muskau.

Herrnhuter Brüder-Unität

Der Zimmermann Christian David, aus religiösen Gründen im katholischen Mähren verfolgt, fällte 1722 den ersten Baum zur Errichtung von Herrnhut. Er wurde, so steht es im Kirchenbuch, als »der exulierenden Mähren ihr Moses« bezeichnet. Weitere Glaubensbrüder ließen in den folgenden Jahrzehnten die Kleinstadt entstehen. Das Land stellte der vom Pietismus (protestantische Bewegung des 17./18. Jhs.) geprägte Reichsgraf Nikolaus Ludwig von Zinzendorf bereit, der mit den Exulanten 1727 eine christliche Brüdergemeinde gründete. Da die Exulanten Verfolgung und Entrechtung am eigenen Leib kennengelernt hatten, besaßen sie ein starkes Mitgefühl für jene, denen es ähnlich erging. Ab 1732 reisten deshalb etliche von ihnen, einfache Handwerker meist, die keine theologische Ausbildung besaßen, als Missionare oder Lehrer in die Welt. Herrnhut wurde zum Stammsitz der Brüder-Unität, die jährlich die Herrnhuter Losungen als ältestes evangelisches Andachtsbuch für die Christen in aller Welt herausgibt. Im Völkerkundemuseum Herrnhut sind völker- und länderkundliche Objekte zu sehen, die die Mitglieder der Brüder-Unität in ihre Heimat schickten.

Kretscham

Zahlreiche Gaststätten tragen den Namen Kretscham, in der Oberlausitzer Mundart Kratschn ausgesprochen. Das Wort stammt aus dem Slawischen und bedeutet Dorfschenke oder Gasthaus. Der Kretschmar (Wirt) und der Pfarrer waren in den vergangenen Jahrhunderten die wohlhabendsten Männer im Dorf. Sie erhielten vom Adel zwei Hufen Land (etwa 66 ha) und besaßen oft noch das Bierbraurecht.

Gerichtskretscham heißen jene Gaststätten, in denen sich nach dem Urteil des Dorfrichters die Streitenden trafen: Der Gewinner begoß den Sieg, der Unterlegene spülte den Kummer herunter.

Lessing, Gotthold Ephraim (1729–1781)

Der älteste Sohn von zwölf Kindern einer Pfarrersfamilie gelangte mit Dramen wie »Minna von Barnhelm«, »Emilia Galotti« und »Nathan der Weise« zu Weltruhm. Das Lessingmuseum in seiner Geburtsstadt Kamenz informiert ausführlich über den wohl bedeutendsten deutschen Aufklärer. Seit 1961 finden in Kamenz Lessingtage statt.

Osterreiten

Seit 500 Jahren pflegen die katholischen Sorben den Brauch des Osterreitens. Vor der Pfarrkirche übernehmen die Reiter das Kreuz und Kirchenfahnen, nachdem der Pfarrer den Segen erteilt hat. Wer zum ersten Mal teilnimmt, ist am grünen Myrtenkränzchen zu erkennen. Am Zielort umrunden die Reiter dreimal Kirche und Friedhof, um auch den Verstorbenen die frohe Botschaft von der Auferstehung zu verkünden. Nach einer kurzen Pause beginnt der Rückritt.

200 Jahre alte Werke von Lessing besitzt das Lessing-Museum in Kamenz

Pfefferküchler
Was anderswo Lebkuchen heißt, wird hierzulande Pfefferkuchen genannt. Die Bezeichnung entstand im Mittelalter, als alle aus fernen Ländern stammenden Gewürze unter dem Namen Pfeffer gehandelt wurden. Der wird natürlich nicht verwendet, den Geschmack verfeinern vielmehr Gewürze wie Zimt, Vanille, Muskat und Nelken. Ab Mitte des 18.Jhs. wurde Pulsnitz das Zentrum der Lausitzer Pfefferküchlerei. Pfefferkuchen aus dem Städtchen fehlten damals auf keinem Jahrmarkt und Volksfest und keiner Messe in Sachsen. Erstmals erwähnt wird der Pfefferkuchen in Pulsnitz bereits 1558. Auch heute noch schwebt das ganze Jahr über süßer Pfefferkuchenduft in mancher Straßenecke. Wie die Pfefferküchler einst arbeiteten, ist in Weißenberg zu sehen. Dort wurde ein Haus zum Museum, in dessen Backstuben zweieinhalb Jahrhunderte lang Pfefferkuchen hergestellt wurden.

Postmeilensäulen
1721 bestimmte August der Starke (1694–1733), Kurfürst von Sachsen und König von Polen, daß auf den »Land- und Poststraßen steinerne Säulen aufgerichtet« werden sollten. Er ließ die Landstraßen von Adam Friedrich Zürner vermessen und Postmeilensäulen als Richtungs- und Entfernungsweiser aufstellen. Es gab vier Arten von kursächsischen Postmeilensäulen: Distanzsäulen (470 cm hoch), Ganzmeilensäulen (375 cm hoch), Halbmeilensäulen (300 cm hoch) und Viertelmeilensäulen (145 cm hoch). Eine Postmeile hatte in Kursachsen die heutige Länge von 9,062 km. 1873 wurden Kilometersteine eingeführt, und die Postmeilensäulen verloren ihre Bedeutung. Die meisten der vermutlich tausend Säulen wurden abgebaut oder vernichtet. Einige von ihnen wurden in jüngster Zeit restauriert oder rekonstruiert, so in Lübbenau, Lübben, Löbau und Hoyerswerda.

Sagengestalten
Gegenstand sorbischer Literatur und Malerei ist vielfach Krabat, der als Zauberer den Armen half und die Reichen narrte. So soll er als Küchenjunge Augusts des Starken den Hofleuten Nudeln in Regenwürmer und Brathähnchen zu Fröschen verwandelt haben. Auf dem Markt in Wittichenau kaufte ihn ein reicher Viehhändler als Ochse, anschließend entfloh er ihm als Schwalbe. Krabat hat der Legende nach karge Böden fruchtbar gemacht und Sümpfe trockengelegt. Historisches Vorbild für die Figur soll ein kroatischer Reiterobrist sein, der im Dienst Augusts des Starken stand. Die Oberlausitz hat im Pumphut (auch Pumpot) eine ihrer Sagengestalten. Der Müllerbursche mit dem hohen, breitkrempigen Zauberhut gilt als Till Eulenspiegel dieser Landschaft. Viele Geschichten ranken sich um die Lutki, kleine Kobolde, die den Armen wohlgesinnt sind, und im Spreewald um den Wassermann Nykus.

Schwela, Gotthold (1873–1948)
Der Pfarrer, sorbisch Bogumil Šwelja, war ein bedeutender sorbischer Sprachwissenschaftler. Von ihm stammen auch Bücher über die Geschichte der Sorben,

so »Zur Wendenfrage« (1919) und »Das Wendentum in der Niederlausitz« (1929). Schwela gehörte 1912 zu den Mitbegründern der Domowina, deren Name von ihm vorgeschlagen wurde. Viele Jahre war er stellvertretender Vorsitzender des Sorbenbundes. In Dissen würdigt das Heimatmuseum Schwela, der in diesem Dorf von 1913 bis 1941 als Pfarrer gewirkt hat.

Sorben/Wenden

Nachfahren der slawischen Stämme der Milzener und Lusizer, die im 10. und 11. Jh. unter deutsche Herrschaft gelangten. Die Sorben gelten heute als das kleinste slawische Volk. Sorbe ist die wissenschaftlich exakte Bezeichnung, Wende sagten einst die Deutschen zu allen slawischen Stämmen zwischen Elbe und Oder. In seiner Sprache bezeichnet sich dieses Volk selbst als *Serby* (niedersorbisch) oder *Serb* (obersorbisch). Die Bezeichnung Wende geht vermutlich auf die römischen Geschichtsschreiber Plinius und Tacitus zurück, die von Venedi und Venethi berichteten. Die bäuerliche Familie und die dörfliche Gemeinschaft haben das sorbische Kulturgut bewahrt und weitergegeben. Vier sich voneinander unterscheidende Trachtengebiete bestehen noch: um Cottbus und den Spreewald, um Schleife (zwischen Spremberg und Weißwasser), Hoyerswerda sowie die Region der katholischen Sorben.

Die Nationalsozialisten hatten Pläne parat, die Sorben aus ihrer angestammten Heimat nach dem »Endsieg« auszusiedeln. Zu DDR-Zeiten wurde der sorbische Dachverband Domowina benutzt, um die Sorben vollständig politisch zu integrieren, die materielle Unterstützung der Sorben war jedoch in dieser Zeit so gut wie nie zuvor in ihrer Geschichte.

Die sorbische Sprache gehört zur Familie der slawischen Sprachen. Das Niedersorbische (um Cottbus) steht dem Polnischen nahe, das Obersorbische (um Bautzen, Hoyerswerda) dem Tschechischen. Was im Niedersorbischen *gora* (Berg), *carny* (schwarz), *zgto* (Hemd) und *swajźba* (Hochzeit) heißt, lautet im Obersorbischen *hora, čorny, košla, kwas.* In sorbischer Sprache erscheinen Zeitungen, Zeitschriften und Bücher, auch sorbische Rundfunksendungen werden ausgestrahlt. In Bautzen gibt es ein Sorbisches Nationalensemble und ein Deutsch-Sorbisches Theater. Sorbisch ist Unterrichtssprache an Schulen oder fakultatives Unterrichtsfach.

Umgebindehaus

Für die Oberlausitz typische Hausbauweise auf dem Land. Der im Blockbau errichteten Wohnstube aus Holz ist ein Balkengefüge wie eine Blendarkade vorgelegt, die das Obergeschoß trägt. »Umgebinde« nannten Wissenschaftler im ausgehenden 19. Jh. zum ersten Mal diese Hausbauweise. Das Umgebinde steht meistens auf einem 15 bis 40 cm hohen Steinsockel, der Wirtschaftsteil des Hauses ist meist aus Lehmfachwerk konstruiert. Obergeschoß und Giebel sind häufig mit Schiefer verkleidet, der guten Wetterschutz bietet. Besonders viele Umgebindehäuser gibt es in Obercunnersdorf, Großschönau, Dittelsdorf.

Frisch vom Faß
Saure Gurken
Senfgurken
Gewürzgurken
Sauerkraut
Original
Spreewald-
gurken

Karpfensuppe und Hefeplinse

Fisch aus dem Peitzer und Königswarthaer Teichgebiet steht bei Köchen und Gästen gleichermaßen in der Gunst

Die sorbische Küche ist alles andere als vielseitig, dennoch kitzelt einiges den Gaumen. Hecht in Spreewaldsoße gilt als der Klassiker des Speisezettels, schon Theodor Fontane notierte: »Das wäre kein echtes Spreewaldmahl, wenn nicht ein Hecht auf dem Tisch stünde.« In den letzten Jahren wurde der Hecht vom Karpfen verdrängt, den man um Peitz und Königswartha reichlich fängt. Längst kommt dieser aber nicht mehr nur als »Karpfen blau« auf den Tisch, sondern er wird variantenreich gekocht, gebraten und gegrillt. Auch in Suppen schmeckt Karpfen vorzüglich. Manches Gericht erhält durch den Spreewälder Meerrettich und die Spreewälder Gewürzgurken erst seinen pikanten Geschmack. Im Gurkeneinlegen brachten es die Spreewälder schon um 1750 zu großer Meisterschaft, so daß Friedrich der Große aus dem damals sächsischen Oberspreewald Gurkeneinleger nach Preußen abwerben wollte.

Original Spreewälder Gurken – ein herzhafter Genuß

Eine Spezialität der Niederlausitz sind Hefeplinsen, die im Spreewald, um Forst und Guben fast jedes Restaurant anbietet. Mit der Schöpfkelle wird der Eierkuchenteig in die glühendheiße Pfanne gegossen und beiderseits goldgelb gebacken. Serviert werden Plinsen mit Apfelmus und einem Sahnehäubchen, mit Marmelade oder zerlassener Butter und Zucker und Zimt. Die Oberlausitzer mögen die ebenfalls goldgelb gebratenen Quarkkeulchen aus Kartoffel- und Quarkteig. Im Zittauer Gebirge ist Kartoffelmus beliebt, das hier Mauhe genannt wird. Getrunken wird vor allem Bier. Kenner schätzen den »Feinen Alten Wilthener« aus der Oberlausitz, einen seit 1842 gebrannten Weinbrand. Zum Nachtisch empfiehlt sich in der Heimat von Hermann Fürst von Pückler-Muskau das nach ihm benannte Eis aus fruchtigen Schichten halbgefrorener Sahne. Sollten sich Pückler-Eis und Spreewälder Gewürzgurken im Magen nicht vertragen, hilft gewiß der »Bukowina«, der aus Kräutern des Spreewaldes nach einem alten Rezept hergestellt wird.

Trachtenpuppen und Blaudruck

Gegenstände der reichen Folklore sind die beliebtesten Mitbringsel

Spreewälder Trachtenpuppen stehen hoch im Kurs. Es gibt kleine, die in jede Handtasche passen, und größere, die fast den halben Kofferraum eines Pkw füllen. Beliebte Mitbringsel sind auch kunstvoll verzierte und bemalte sorbische Ostereier. Besonders ältere Frauen verstehen es meisterhaft, mit flüssigem Wachs Ornamente auf die Eier aufzutragen. Der Blaudruck gehört seit Jahrhunderten zur Tracht und zum Haushalt der Sorben. Die einzige historische Blaudruckwerkstatt der Lausitz hat sich in Pulsnitz erhalten, sie besitzt viele alte Model und arbeitet nach einer Technologie, die sich seit dem Mittelalter kaum verändert hat: Mit dem Model wird das Muster durch die Druckmasse, Papp genannt, auf den Stoff gedrückt. Beim anschließenden Blaufärben bleiben die mit Papp versehenen Stellen weiß. Zur Volkskunst von hoher Blüte entwickelten die Töpfer ihr Handwerk. Eine Besonderheit stellt die Oberlausitzer Schwämmeltechnik dar. Das Dekor wird nicht mit dem Pinsel, sondern mit kleinen Schwämmen aufgetragen. Pulsnitz und das nahe Elstra sind bekannte Töpferorte. Die Lausitz war vor der Jahrhundertwende ein bedeutendes Zentrum der Glasherstellung in Deutschland, zu DDR-Zeiten gehörte Lausitzer Glas zu den namhaften Exportartikeln. In Weißwasser halten zwei Glaswerke ihre Erzeugnisse zum Verkauf bereit. In Bad Muskau bietet der Gasthof Bergkristall nicht nur Gaumenfreuden, sondern auch Schaulust und Einkauf von Glaserzeugnissen. Inmitten des Gastraumes können Sie wie durch ein Schaufenster einen Glasschleifer beobachten, der Sterne und andere Muster in Bleikristall einarbeitet. Die meisten Wünsche erfüllt er im Handumdrehen.

Mitbringsel anderer Art sind Spreewälder Meerrettich oder Spreewälder Gewürzgurken im Glas. Auf vielen Wochenmärkten bieten Pulsnitzer ihre vielfältig geformten Pfefferkuchen an. Die Pulsnitzer Pfefferküchler verstehen ihr Handwerk, immerhin besitzen sie darin eine mehr als vierhundertjährige Erfahrung.

Ein noch immer gepflegtes Kunsthandwerk – die Lausitzer Keramik

M

Osterreiten und Hahnrupfen

Traditionsreiche sorbische Feste mit Volkstrachten und viel Glockengeläut

Die Volksbräuche der Sorben bestimmen weitgehend den Lausitz-Kalender. Den Höhepunkt bildet zweifellos das Osterreiten, das sich jährlich Tausende in acht deutsch-sorbischen Dörfern der Oberlausitz anschauen. Zu den alten Erntebräuchen gehört das Hahnrupfen: In einem mit Girlanden geschmückten Torbogen hängt ein toter Hahn, und im Galopp durchreitende Burschen versuchen, seinen Kopf abzureißen. Wem das gelingt, der wird als Kral (König) mit dem Siegerkranz geehrt. Fast überall in der Lausitz feiert man im Herbst Kirmes. Die sorbischen Bräuche im Jahreslauf beschließen der St.-Martins-Tag (11. November) und der St.-Nikolaus-Tag (6. Dezember), an denen die Kinder singend zu Heischegängen von Haus zu Haus ziehen.

FEIERTAGE

Im überwiegend protestantischen Teil der Lausitz: *Neujahr, Karfreitag, Ostermontag,* 1. Mai: *Tag der Arbeit, Himmelfahrt, Pfingstmontag,* 3. Oktober: *Tag der Deutschen Einheit,* 31. Oktober: *Reformationstag, Buß- und Bettag (nur in der zu Sachsen gehörenden Oberlausitz), 1. und 2. Weihnachtsfeiertag.* In den katholischen Dörfern der Oberlausitz ist anstatt des 31. Oktober der *Fronleichnamstag* Feiertag.

Im Kloster St. Marienstern beginnt eine der Osterreiter-Prozessionen

BESONDERE VERANSTALTUNGEN

Januar/Februar

Lessingtage mit Vergabe von Lessingpreis, Theateraufführungen, Lesungen (Kamenz, Ende Jan. bis Mitte Feb.).

Vogelhochzeit: Umzug der Kinder, als buntes Federvolk verkleidet oder in traditioneller Hochzeitstracht (25. Januar, in sorbischen Dörfern).

Fastnacht

Zampern (der Heischegang) und *Zapust* (der Fastnachtsumzug der Jugend) finden um Cottbus, Guben, Forst und Hoyerswerda zwischen dem Dreikönigstag bis etwa vier Wochen vor Ostern statt. Die Termine sind ab Dezember des vorangegangenen Jahres beim Wendischen Haus Cottbus zu erfahren.

Ostern

Mittellausitzer Ostereiermarkt: Herstellung sorbischer Ostereier, die zu Hunderten angeboten werden, ferner folkloristische Veranstaltungen (Wochenende vor Ostern in einem jährlich wechselnden Dorf bei Hoyerswerda).

★ *Osterreiten* in acht katholischen sorbischen Dörfern der Oberlausitz. Festlich gekleidete Reiter auf geschmückten Pferden überbringen am Ostersonntag die Botschaft von der Auferstehung Christi in die Nachbargemeinde. Die Abritt- und Ankunftszeiten: Ralbitz ab 9.30 Uhr, Wittichenau an 12.15 Uhr; Wittichenau ab 9.20 Uhr, Ralbitz an 12 Uhr; Crostwitz ab 12.30 Uhr, Panschwitz-Kuckau an 14.30 Uhr; Panschwitz-Kuckau ab 12.45 Uhr, Crostwitz an 13.45 Uhr; Radibor ab 11.45 Uhr, Storcha an 14 Uhr; Storcha ab 12 Uhr, Radibor an 14 Uhr; Nebelschütz ab 12 Uhr, Ostro an 14 Uhr; Ostro ab 12 Uhr, Nebelschütz an 14 Uhr. Zusätzlich gibt es noch die Bautzener Route: Abritt Bautzen an der Liebfrauenkirche 10.45 Uhr nach Radibor, dort beginnt 14.15 Uhr der Heimritt, sowie die Ostritzer Route: Abritt Ostritz 13 Uhr, Kloster St. Marienthal an 14.55 Uhr, Kloster St. Marienthal ab 16 Uhr, Ostritz an 18 Uhr. Am Nachmittag zwischen 16.30 und 18.30 Uhr treffen die Prozessionen wieder in ihren Kirchgemeinden ein.

April/Mai

Maibaumstellen: Den Wipfel des sorbisch *meja* genannten Maibaums bildet traditionsgemäß eine Birke (30. April, in zahlreichen Dörfern).

Hexenbrennen: Auf einem hohen Reisighaufen wird in der Walpurgisnacht eine aus Lumpen gefertigte Hexe verbrannt (30. April/1. Mai in zahlreichen Dörfern).

Fronleichnamsprozession: Ein sehenswertes Ereignis mit blumen- und birkengrüngeschmückten Kirchen und Altären im Freien sowie Mädchen in der Festtracht (Wittichenau, Panschwitz-Kuckau, Crostwitz, Radibor, Fronleichnam und am darauffolgenden So).

Höhepunkt aller großen Spreewaldfeste: der Kahnkorso

MARCO POLO TIPS FÜR FESTE

1 **Sorbisches Osterreiten**
Geschmückte Pferde und stolze Reiter mit Gehrock und Zylinder (Seite 24)

2 **Lausitzer Musiksommer**
Klassische Musik in Theatern und Schlössern (Seite 25)

3 **Forstfest in Kamenz**
Farbenprächtige Schülerumzüge an zwei Tagen in der Woche (Seite 25)

4 **Burger Heimatfest**
Hübsche sorbische Volkstrachten in Hülle und Fülle (Seite 25)

Juni

Schlesisches Musikfestival: Deutsche, polnische und tschechische Künstler bieten Werke ihrer bekannten Meister. Höhepunkt bildet das »Klingende Görlitz«, bei dem sich die historische Altstadt in einen großen Konzertsaal verwandelt (Görlitz, Mitte des Monats, alle 2 Jahre, wieder 2000).

Rosenfest mit »Nacht der tausend Lichter« im Ostdeutschen Rosengarten, Wahl der Rosenkönigin (Forst, letztes Wochenende).

Juni bis September

MDR-Musiksommer: Vom Mitteldeutschen Rundfunk veranstaltete Konzerte (Bautzen, Görlitz, Zittau).

Juli

Bierzug: Er führt von Eibau nach Walddorf und erinnert an einen Streit im 17. Jh. (1. Wochenende).

Juli/August

★ *Lausitzer Musiksommer:* klassische Musik im großen und kleinen Rahmen (verschiedene Orte, zwei Wochen).

August

Fischerfest: Höhepunkt bildet das symbolische Abfischen der Karpfen als Beginn des Festes (Peitz, 2. Wochenende).

★ *Forstfest* mit Markt, Feuerwerk und prächtigen Schülerumzügen am Mo und Do. Den Abschluß bildet am Donnerstagabend der festliche Fackeleinzug in die hell erleuchtete Stadt (Kamenz, Woche um den Bartholomäustag, 24. Aug.).

★ *Heimatfest:* Einblicke in sorbische Sitten und Bräuche, großer Umzug mit vielen Volkstrachten (Burg, letztes Wochenende).

September

Spreewaldfest: Volksfest mit Handwerkermarkt und Kahnkorso (Lübben, 3. Wochenende).

Oktober

Michaelismarkt: Folklore, historische Gewerke und der sorbische Brauch Hahnschlagen (Straupitz, 1. Sa).

Töpferfest: Fast alle der etwa 30 Oberlausitzer Töpferwerkstätten und weitere aus ganz Deutschland sind vertreten (Neukirch, 1. Wochenende).

Dezember

Weihnachtsmärkte in Cottbus, Bautzen, Görlitz, Zittau und anderen Städten.

Der kleine Bruder des Naturparadieses

Weißstorch, Kranich und Fischotter fühlen sich in dem von Natur und Mensch geschaffenen Idyll wohl

Verhältnismäßig still geht es im Unterspreewald zu, der sich 20 km lang und 5 km breit in Nord-Süd-Richtung erstreckt. Der Touristenstrom quillt in den oberen und bekannteren Teil, obwohl der Unterspreewald mit einer vielgestaltigeren Tier- und Pflanzenwelt aufwarten kann. Hier staken die Fährleute noch durch den typischen Spreewald, in dem im Frühjahr Tausende von Maiglöckchen blühen. Die Wiesen, Äcker und Fließe mit ihrer artenreichen Flora und Fauna sind ideale Lebensräume für den Weißstorch, von dem jährlich etwa achtzig Paare im Spreewald brüten. Aber auch Kranich und Fischotter fühlen sich in dem von Natur und Mensch geschaffenen Idyll wohl. Die Krausnicker Berge, der Köthener und der Neuendorfer See begrenzen den Unterspreewald im Norden, die Grenze zwischen dem waldreichen kleineren Unterspreewald und dem größeren Oberspreewald bildet die Stadt Lübben.

St.-Nikolai-Kirche von Luckau

LÜBBEN

(**107/D4**) Die sächsischen Kurfürsten wußten offensichtlich die schöne Lage der Stadt (15 000 Ew.) an der Hauptspree zu schätzen, denn sie wählten Lübben zu einer ihrer Nebenresidenzen. Von 1660 bis 1815 gehörte Lübben

Übernachtungs- und Restaurantpreise

Hotels
Kategorie 1: über 200 Mark
Kategorie 2: 140 bis 200 Mark
Kategorie 3: unter 140 Mark

Preis pro Nacht für zwei Personen im Doppelzimmer mit Dusche/WC, Frühstück.

Restaurants
Kategorie 1: über 22 Mark
Kategorie 2: 15 bis 22 Mark
Kategorie 3: unter 15 Mark

Preis für ein Hauptgericht ohne Vor- und Nachspeise und ohne Getränke.

MARCO POLO TIPS FÜR DEN UNTERSPREEWALD

1 Gasthaus Bukoitza
Mit dem Paddelboot oder dem Fahrrad zum Fischessen in die beliebte Gaststätte (Seite 29)

2 Bauernmuseum Schlepzig
Ein altes Gehöft gibt Einblick in das frühere Leben auf dem Land (Seite 30)

mit großen Teilen des Spreewaldes zu Sachsen. An diese Zeit erinnert die Postmeilensäule von 1735 in der Breiten Straße. Der Zweite Weltkrieg hat rund achtzig Prozent aller Gebäude vernichtet, dennoch lohnt ein Stadtbummel. Theodor Fontane bezeichnete Lübben in seinen berühmt gewordenen »Wanderungen durch die Mark Brandenburg« als ein »verträumtes Ackerbürgerstädtchen«, und das ist es im wesentlichen bis heute geblieben.

BESICHTIGUNGEN

Paul-Gerhardt-Kirche

Die letzte Wirkungsstätte des Pfarrers und evangelischen Kirchenliederdichters Paul Gerhardt – nach ihm wurde die Kirche, in der er auch 1676 beigesetzt worden ist, benannt. Sein Denkmal steht davor. *Markt*

Schloß

Zu besichtigen ist der Wohn- und Wehrturm, der mit seinen 2,5 m starken Mauern die Lübbener Feinde zum Verzweifeln brachte. Das Schmuckstück bildet der Wappensaal mit Galerien, einer Balkendecke sowie einem Wandbild. *Di–So 10–17 Uhr, Okt. bis März nur bis 16 Uhr, Ernst-von-Houwald-Damm*

RESTAURANTS

Avocado

Kreative, experimentelle Küche, ruhiges, niveauvolles Ambiente. *Am Neuhaus 7 (im Schloß Neuhaus), Tel. 03546/18 50 70, Kategorie 1*

Cartoon

Niveauvolle Altstadtkneipe. *So–Do Mittagstisch, ansonsten ab 18 Uhr, Gubener Straße 9, Tel. 03546/71 09, Kategorie 2*

Historischer Weinkeller

Nationale und internationale Küche, großes Weinangebot sowie stimmungsvolle Atmosphäre im alten Gemäuer des Schloßturms. *Ernst-von-Houwald-Damm 14, Tel. 03546/40 78, Kategorie 1–2*

Strandcafé Lübben

Wunderschöner Blick auf den Kahnfährhafen, wegen der idealen Lage tagsüber meist gut besucht. *Ernst-von-Houwald-Damm 16, Tel. 034546/73 64, Kategorie 2*

EINKAUFEN

Eine gute Auswahl an Spreewaldtrachten gibt es in *Mode am Markt.* Malerei und Grafik mit Spreewaldmotiven sowie spreewaldtypische Souvenirs präsentiert *Die Idee, Hauptstraße 20*

ÜBERNACHTUNG

Hotel Spreeufer
Feines Hotel garni am Spreeufer. *25 Zi., Hinter der Mauer 4, Tel. 03546/80 03, Fax 80 69, Kategorie 2*

Spreewaldhotel Stephanshof
Direkt am Wasser mit eigener Kahnanlegestelle, Paddelbootverleih; behindertengerecht. *31 Zi., Lehnigksberger Weg 1, Tel. 03546/272 10, Fax 27 21 60, Kategorie 2–3*

Jugendherberge
Am südlichen Stadtrand direkt an der Hauptspree. *79 Betten, 11 Familienzimmer, im Sommer 2 Bungalows, Zum Wendenfürsten 3, Tel. 03546/30 46, Kategorie 3*

CAMPING

Spreewald-Camping
Ebenes Wiesengelände an der Spree. *15. März–Okt., Mittagsruhe 12.30–15 Uhr, Tel. 03546/70 53, Fax 18 18 15*

KAHNFAHRTEN

Die Gondolieri Lübbens bieten von drei Häfen Fahrten von 1,5 bis 8 Std. Dauer an. Der größte Kahnhafen öffnete 1998 an einem neuen Arm der Spree, der durch Holzbrücken mit der Schloßinsel verbunden ist. Die Vermittlung der Fahrten erfolgt durch die Spreewaldinformation.

SPIEL UND SPORT

Boote vermietet von April bis Oktober *Gebauer, Lindenstraße* (gegenüber dem Strandcafé), *Tennisplätze* gibt es am *Nachtigallenweg*, eine *18-Loch-Minigolfanlage* am Strandcafé Lübben.

Schloß Lübben bekam vor 300 Jahren sein heutiges Aussehen

AM ABEND

Im Schloßturm sowie im Schloß Neuhaus finden kulturelle Veranstaltungen statt, in der Paul-Gerhardt-Kirche Orgelkonzerte. Junge Leute treffen sich Fr, Sa zur *Disko* in der *Grotte, Hauptstraße 12 b.* Im *Gurkenfaß (Markt 1)* Tanz, Kabarett und Kleinkunst.

AUSKUNFT

Spreewaldinformation Lübben
Auf der Schloßinsel, 15907 Lübben, Tel. 03546/30 90, Fax 25 43

ZIELE IN DER UMGEBUNG

Gasthaus Bukoitza **(107/D4)**
★ Beliebtes Ziel der Kahnfährleute, denn die einsam liegende Gaststätte ist für schmackhafte Wild- und Fischgerichte bekannt. Bei schönem Wetter sitzt es sich angenehm im Garten. *Tel. 03546/76 62, Kategorie 3.* Wer auf dem Landweg mit dem Fahrrad oder mit dem Auto zur Bukoitza

möchte: von Lübben auf der B 320 nach Radensdorf, wo eine schnurgerade, 3 km lange Asphaltstraße beginnt.

Luckau **(106/C5)**
Die Altstadt hat Interessantes zu bieten: am Marktplatz die fast vollständig erhalten gebliebene, mittelalterliche Stadtbefestigung mit dem *Roten Turm* sowie die mächtige *St.-Nikolai-Kirche* mit einer hervorragenden barocken Ausstattung. Über die Geschichte der Region und die hier vorkommenden Tiere und Pflanzen informiert das *Heimatmuseum (Lange Str. 71, Di 9–12, 14–18 Uhr, Mi–Fr 9–12, 14–16 Uhr, So 11 bis 16 Uhr).* Luckau (5700 Ew.) wird im Jahr 2000 die 1. Landesgartenschau Brandenburgs ausrichten.

Naturpark Niederlausitzer Landrücken **(106/C5)**
Der im Entstehen befindliche Naturpark erstreckt sich auf einer Fläche von 550 km² südlich von Luckau. Er umfaßt historisch gewachsene Landschaften ebenso wie rekultivierte Braunkohletagebauflächen. Der Höllberghof bei Langengrassau nahe der B 87 zeigt anschaulich die frühere Landwirtschaft in der Niederlausitz. Er ist die Nachbildung eines für diese Region typischen Dreiseiten-Fachwerkhofes aus der Zeit um 1800. Zu ihm gehören ein Heidegarten und ein Tiergehege. *Mai–Sept. Mo–Fr 10 bis 15 Uhr, Sa, So 11.30–16.30 Uhr, Okt.–April Sa, So erst ab 12 Uhr*

SCHLEPZIG

(107/D3) Die Hauptspree und mehrere Fließe durchziehen das unscheinbare Straßendorf (650 Ew.) im Unterspreewald mit einer hübschen Fachwerkkirche von 1782. Der Inselteich am südlichen Dorfrand gehört zu vier in den achtziger Jahren angelegten Teichgruppen, die sich bis Lübben erstrecken. Von einer Aussichtskanzel an seinem Ufer kann die artenreiche Vogelwelt beobachtet werden. Naturfreunde werden auf dem mit grünen Balken markierten, 5,4 km langen Lehrpfad *Buchenhain* wandern, der an der Landstraße nach Krausnick beginnt.

BESICHTIGUNG

Naturausstellung
»Unter Wasser unterwegs« heißt die informative Ausstellung des Biosphärenreservats. Spreewald-Fließe können aus ungewohnter Perspektive kennengelernt werden. *April–Okt. Di–So 10 bis 16 Uhr, Nov.–März Mo–Fr 9 bis 16 Uhr, Dorfstr. 51*

MUSEUM

Bauernmuseum
★ Haushalts- und Einrichtungsgegenstände der Spreewaldbewohner sind in einem Fachwerkhaus von 1818 zu sehen. *April bis Okt. Di–So 10–16 Uhr, Dorfstraße 26*

RESTAURANTS

Petkampsberg
4 km außerhalb des Dorfes (Hinweisschilder vorhanden), auf dem Land- und Wasserweg zu erreichen. Vor allem Fisch aus den heimischen Gewässern. *Geöffnet März–Okt. tgl., Tel. 035472/247, Kategorie 3*

Zum Unterspreewald
Rustikale Spreewaldzimmer, ein Erlebnis sind Spanferkelessen. *Mo, Di nur über Mittag geöffnet, Dorfstraße 41, Tel. 035472/279, Kategorie 2, 3*

ÜBERNACHTUNG

Landgasthof
Zum grünen Strand der Spree
Am Kahnfährhafen gelegen, rustikal eingerichtet, gutes Restaurant mit lokaler Küche und neuerdings eine *Schaubrauerei,* die vier herzhafte, würzige Biere verlassen. *18 Zi., Dorfstraße 53, Tel. 035472/66 20, Fax 473, Kategorie 2*

Müggenburg
Idyllische, ruhige Lage, eigene Kahnanlegestelle. *22 Zi., Kuschkower Straße 31, Tel. 035472/66 00, Fax 66 03 05, Kategorie 3*

KAHNFAHRTEN

Die Abfahrtsstelle liegt an der *Dorfstraße* (in Richtung Krausnick). *Sa, So ab 10 Uhr* stehen Kahnfährleute zu Fahrten bereit, ansonsten müssen sie über das Tourismusbüro vereinbart werden.

SPIEL UND SPORT

Paddelboote verleiht die Gaststätte *Petkampsberg.* Die Naturwacht Unterspreewald, *Dorfstraße 52,* bietet von Schlepzig aus kostenlos Führungen und Radtouren an. *Auskunft: Tel. 035472/648 98*

AUSKUNFT

Tourismusbüro
Amt Unterspreewald
Hauptstraße 49, 15910 Schönwalde, Tel. 035474/405, Fax 525

ZIELE IN DER UMGEBUNG

Köthen **(106/C2)**
Am fischreichen Köthener See gibt es verschiedene, sandige Badestellen. Um sie zu entdecken, stehen Fahrräder und Boote zum Ausleihen bereit. Auf der kleinen Insel in der Seemitte brüten Schwäne und Fischreiher. Idyllische Wanderwege führen in südlicher Richtung in die Krausnicker Berge. Vom 144 m hohen Wehlaberg bietet sich dem Wanderer ein einzigartiger Rundblick. Am Nordostrand der Krausnicker Berge liegen die sieben kleinen Heideseen im Wald versteckt.

Leibsch **(107/D2)**
Es ist das nördlichste Dorf des Unterspreewaldes. Von der Wasserseite sieht Leibsch erheblich hübscher aus als vom Land, schon allein deshalb sollten Sie unbedingt eine Kahnfahrt unternehmen. Von der Hauptstraße führt ein asphaltierter Weg zur größten Schleusen- und Wehranlage des Spreewaldes, die zwischen 1988 und 1990 entstand. Das Hotel und Restaurant *Zum goldenen Stern (Hauptstraße 30, 15910 Leibsch)* bietet regionaltypische Gerichte und *24 Zi., Tel. 035473/ 88 30, Fax 682, Kategorie 3.*

Neuendorfer See **(107/D2)**
Von der Spree durchflossener See mit flachem Ufer und zahlreichen Buchten, gut 10 km nördlich von Schlepzig. Er ist vor allem bei Seglern, Surfern und Anglern sehr beliebt. Eine reiche Pilzernte bieten (dem fachkundigen Sammler!) die ausgedehnten Kiefernwälder in der Umgebung.

Gondolieri staken durch die Fließe

Zehntausende erliegen jährlich dem Zauber dieser einzigartigen europäischen Flußlandschaft

Am großen Kahnfährhafen in Lübbenau stehen von morgens bis abends Fährleute bereit, Touristen durch das Wasserlabyrinth zu staken. In den kleineren Orten empfiehlt sich Voranmeldung. Die kiellosen Holzkähne sind im Spreewald unentbehrlich, denn zahlreiche Gehöfte sind nicht mit dem Auto oder Pferdefuhrwerk erreichbar. Gurken und Meerrettich, die auf dem lockeren, leichten Boden bestens gedeihen, werden auf dem Wasserweg verfrachtet, das Vieh im Kahn zur Weide gebracht, der Traktor auf dem Doppelkahn zum Acker gefahren. Wehre und Schleusen mit der Bedienungsanleitung auf Schildern regulieren den Wasserstand für den ungehinderten Kahnverkehr. Die Durchschnittstiefe der Hauptspree liegt bei 180–250 cm, die der Fließe bei 50–150 cm. Die schönste Kahntour führt in den Hochwald am Nordrand des Oberspreewaldes, wer sie unternehmen möchte, muß einen ganzen Tag dafür einplanen.

Der Spreewald ist auch ein Rad- und Wanderparadies

BURG

(107/F5) Die Streusandsiedlung (3800 Ew.) bildet das östliche Tor zum Oberspreewald. Von zwei Kahnfährhäfen kann zu Ausflügen gestartet werden. Etwa dreihundert Brücken, Bänke genannt, überspannen die 194 befahrbaren Fließe der mit 52 km² Fläche größten Gemeinde im Osten Deutschlands. Burg-Kolonie und Burg-Kauper mit ihren verstreut liegenden Gehöften wurden 1960 mit dem Dorf Burg zur Gemeinde Burg vereint, die Ringchaussee verbindet alle drei Ortsteile. Sorbische Sitten und Bräuche werden in Burg besonders gepflegt, beim Heimatfest am letzten Wochenende im August beispielsweise sind viele farbenfreudige Trachten zu sehen.

BESICHTIGUNGEN

Arznei und Gewürzpflanzen
Ein Garten voller spreewaldtypischer Heil- und Gewürzpflanzen. Die Mitarbeiter des Biosphärenreservats haben ihn nahe dem Bismarckturm, an der Straße nach Straupitz, angelegt. *Mai bis*

Okt. Mo–Fr 9–15 Uhr, Sa, So 9–18 Uhr, Führungen jeden 1. und 3. So im Monat 11 Uhr

Bismarckturm

Aus 29 m Höhe hat man einen weiten Rundblick. Der quadratische, aus roten Klinkern 1913 bis 1917 errichtete Turm steht auf dem Schloßberg, 2 km nördlich von Burg-Dorf. *April bis Okt. Di–So 10–18 Uhr*

Naturausstellung

»Ansichten und Aussichten« nennt sich die Ausstellung des Biosphärenreservates Spreewald, informiert wird über die Entwicklung der Streusiedlung Burg. *April–Okt. tgl. 9–16 Uhr, Nov. bis März Mo–Fr 9–16 Uhr, Byhleguhrer Str. 17*

RESTAURANTS

Alter Spreewaldbahnhof

Der alte Bahnhof, in den bis 1970 die »Spreewaldguste« dampfte, wurde eine rustikale Gaststätte, zu der mehrere restaurierte Bahnwagen gehören. *Am Bahnhof 1, Burg-Dorf, Tel. 035603/842, Kategorie 2*

Gasthaus Zum Erlkönig

Gemütlich-rustikale Gaststube mit überdachter Terrasse und eigener Kahnanlegestelle. Nachmittags gibt es köstlichen hausgemachten Blechkuchen. *Erlkönigweg 3, Burg-Kauper, Tel. 035603/387, Kategorie 2*

Zur Linde

Nur Produkte aus der Region kommen in der typischen Spreewald-Gaststätte auf den Tisch. *Hauptstraße 38, Burg-Dorf, Tel. 035603/209, Kategorie 2*

Landgasthof Ochseneck

Neuer Landgasthof, in dem die Spreewälder Küche dominiert. *Waldschlößchenstraße 2, Burg-Kauper, Tel. 035603/60667, Fax 60669, Kategorie 2*

Spreewald-Bauernstube

Im Hotel Bleske. 1910 eingerichtete Bauernstube mit der familieneigenen Schmetterlingssammlung an den Wänden. Hecht, Zander, Aal und Karpfen bereitet Küchenmeister Ernst Bleske vorzüglich zu. *Hauptstraße 43, Burg-Dorf, Tel. 035603/210, Fax 382, Kategorie 2*

EINKAUFEN

Holzpantoffeln aus einheimischen Erlen und Pappeln stellt *Manfred Karolczak, Lindenstraße 5,* in Burg-Dorf her. Ihm kann bei der Arbeit zugeschaut werden. Beobachten kann man auch Böttchermeister *Fritz Graap, Kirchweg 19,* in Burg-Dorf, dessen Böttcherei kleine und große Holzfässer und vieles mehr produziert. Souvenirs gibt es in der *Hauptstraße 41* in Burg-Dorf. Einem kleinen Museum gleichen die Ausstellungsräume von *Spreewald-Antik, Am Hafen 12.* Bauernkeramik hält die *Töpferei Piezonka, Hauptstr. 41,* Burg-Dorf, in großer Auswahl bereit.

ÜBERNACHTUNG

Romantik-Hotel Zur Bleiche

Feines Hotel in ruhiger Lage an der Hauptspree, Landtherme mit Schwimmbad, Dampf- und Trockensaunen sowie Kosmetik- und Massageräume. Fünf Restaurants, in denen alle Hauptgerichte (nicht nur für Kinder) auch

MARCO POLO TIPS FÜR DEN OBERSPREEWALD

1 **Lehde**
Theodor Fontane bezeichnete das Dorf als »Lagunenstadt im Taschenformat« (Seite 36)

2 **Freilandmuseum**
Drei komplette Spreewaldgehöfte mit dem Familienbett in der großen Stube (Seite 37)

3 **Pohlenz-Schänke**
Mit dem Kahn zum Blechkuchenessen im Schinkel-Saal (Seite 36)

4 **Haus für Mensch und Natur**
Viel Interessantes über das Biosphärenreservat Spreewald im Haus für Mensch und Natur in Lübbenau (Seite 39)

als halbe Portionen zu reellen Preisen angeboten werden. *75 Zi., Bleichestraße 16, Tel. 035603/620, Fax 602 92, Kategorie 1*

Hotel Zum Leineweber
Gemütlich eingerichtete Zimmer, in zentraler, ruhiger Lage. *41 Zi. Am Bahndamm 1, Tel. 035603/611 25, Fax 611 29, Kategorie 2*

Seehotel Burg im Spreewald
Guter Komfort, freundliche Atmosphäre. *49 Zi., Willischzaweg, Burg-Kauper, Tel. 035603/650, Fax 648 00, Kategorie 2*

Waldhotel Eiche
Niveauvolles Haus in ruhiger, abseitiger Lage am Hochwald; behindertengerecht. *61 Zi., Zufahrt über die Burger Ringchaussee, Tel. 035603/670 00, Fax 672 22, Kategorie 1*

Willischza
Eine freundliche Familienpension mit eigener Anlegestelle. *10 Zi., Willischzaweg 54, Burg-Kauper, Tel. 035603/444, Fax 607 08, Kategorie 3*

Jugendherberge
An der Straße von Burg-Dorf nach Burg-Kolonie. *150 Betten, 8 Familienzimmer, Jugendherbergsweg 8, Tel./Fax 03560/225*

KAHNFAHRTEN

Der Kahnfährhafen in Burg-Dorf *(Tel. 035603/860)* besteht schon seit 1913, weniger stark besucht ist der 1976 wiedereingerichtete, eigentlich schöner gelegene *Kahnfährhafen in Burg-Kauper* (bei der Gaststätte *Waldschlößchen, Tel. 035603/536*). Es werden Fahrten zwischen einer und 8 Std. Dauer angeboten.

SPIEL UND SPORT

Wer selbst auf Entdeckungstour gehen möchte, kann Boote beim *Bootshaus Conrad* mieten, *Schwarze Ecke 1, Burg-Dorf,* oder bei *Rainer Rehnus, Waldschlößchenstraße 39, Burg-Kauper.* Die Naturwacht Spreewald bietet kostenlose Führungen an. *Informationen: Naturwacht, Byhleguhrer Str. 17, Tel. 035603/68 90*

AUSKUNFT

Fremdenverkehrsbüro
Am Hafen 1, 03096 Burg-Dorf, Tel. 035603/417, Fax 498

ZIELE IN DER UMGEBUNG

Pohlenz-Schänke (107/F5)
★ Historisches Gasthaus am Rande des Hochwaldes. Wild- und Fischspezialitäten, die Hefeplinsen gibt es hier traditionell mit Apfelmus und Sahne, am Nachmittag Blechkuchen aus eigener Herstellung. Eindrucksvoll ist der vom preußischen Baumeister Karl Friedrich Schinkel entworfene Saal mit Wandmalereien. Der große, bis an die Kahnanlegestelle reichende Biergarten mit einer Tanzfläche liegt unter alten Eichen. *Auf dem Landweg ist die Gaststätte über die Burger Ringchaussee erreichbar, April–Okt. geöffnet, Tel. 035603/298, Kategorie 2*

Stradow (107/E5)
Bei Anglern ein Begriff. Die Teiche nordöstlich des Dorfes sind äußerst fischreich, vor allem Karpfen, Hechte und Forellen werden gefangen. Angelkarten gibt es im Teichhaus, der Weg dorthin ist ausgeschildert. *Mo bis Fr 8–17 Uhr, Sa, So, Feiertage 8–10, 13–14 Uhr*

Vetschau (107/E6)
Wissenswertes über Adebar vermittelt das *Weißstorch-Informationszentrum, Drebkauer Straße 2, April bis Okt. Di–Fr 10–12, 13–15 Uhr, Sa, So 10–16 Uhr, Tel. 035433/725 00.* Ein Zeugnis für das jahrhundertelange Nebeneinanderleben von sorbischer und deutscher Bevölkerung steht am Kirchplatz von Vetschau (8200 Ew.): die Wendische Kirche, deren älteste Teile aus dem 15. Jh. stammen, und die im 17. Jh. angebaute Deutsche Kirche. Im backsteinernen Brauereigebäude der Stadt, errichtet 1853, befindet sich das Restaurant *Altes Brauhaus, Richard-Hellmann-Straße (beim Markt um die Ecke), Tel. 035433/30 63, Kategorie 2.*

LEHDE

(107/D–E 5) ★ Kein anderes Spreewalddorf hat seinen ursprünglichen Charakter so bewahrt wie Lehde. Der heutige Ortsteil von Lübbenau (150 Ew.) steht deshalb unter Denkmalschutz. Bei der Eingemeindung bestanden die Einwohner auf der Beibehaltung ihres Ortsnamens, der durch Theodor Fontane in die Literatur einging und auf diese Weise bekannt geworden ist. In seinen »Wanderungen durch die Mark Brandenburg« bezeichnete er Lehde als »Lagunenstadt im Taschenformat, ein Venedig, wie es vor 1500 Jahren gewesen sein mag, als die ersten Fischerfamilien auf seinen Sumpfeilanden Schutz suchten«. Auf dem Wasserweg sind die Einwohner meist schneller bei Verwandten oder Bekannten als zu Fuß oder mit dem Fahrrad auf dem Land. Das romantische Dorf ist das beliebteste Kahnfahrt-Ausflugsziel im Oberspreewald. Fast alle Gaststätten besitzen eigene Anlegestellen. Erholsam sind Wanderungen auf den von Bäumen gesäumten Wegen von Lübbenau und von Leipe. Von Lübbenau führt auch eine asphaltierte Straße nach Lehde, die Sie aber ignorieren sollten, denn in Lehde gibt es keinen Parkplatz, auf dem Sie Ihr Auto abstellen könnten.

MUSEUM

Freilandmuseum
★ Drei nach Lehde umgesetzte Spreewaldgehöfte dokumentieren volkskünstlerische und handwerkliche Traditionen. Im Familienbett in der Stube schlief die ganze Familie, Jungverheiratete durften die Flitterwochen im Heu auf dem Boden verbringen. *April–15. Sept. tgl. 10–18 Uhr, 16. Sept.–Ende Okt. bis 17 Uhr*

RESTAURANTS/CAFÉ

Café Venedig
Seit Jahrzehnten beliebtes Restaurant mit großem Kaffee- und Biergarten. *Geöffnet April–Okt., An der Lischka 1, Tel. 03542/23 63, Kategorie 3*

Fischkasten
Weinkeller im Gewölbe eines alten Spreewaldhauses. *An der Dolzke 6, Tel. 03542/89 99 70, Kategorie 1*

Gasthaus Oppott
Rustikal-gemütlich. Das Angebot reicht vom regionaltypischen preiswerten Quark mit Leinöl und Kartoffeln bis hin zur teuren, erlesenen Spreewälder Fischplatte. *April–Okt. geöffnet, An der Quodda 1, Tel. 03542/28 44, Kategorie 2*

Spreewaldhof
Klein, aber gerade deshalb gemütlich. *An der Dolzke 4, Tel. 03542/21 19, Kategorie 2*

ÜBERNACHTUNG

Hirschwinkel
Zwei nebeneinander gelegene Gästehäuser in spreewaldtypischer Bauart. *13 Zi., An der Dolzke 6, Tel. 03642/899 90, Fax 89 99 10, Kategorie 2–3*

AUSKUNFT

Fremdenverkehrsverein
Ehm-Welk-Straße 15, 03222 Lübbenau, Tel. 03542/36 68, Fax 467 70

Für Liebhaber regionaler Spezialitäten – die Küche der Pohlenz-Schänke

LEIPE

(107/E5) Auf einer 400 m breiten und 800 m langen Anhöhe errichteten Sorben Ende des 14. Jhs. das Dorf Leipe (160 Ew.). Hauptstraße war die Spree, zum Land hin befanden sich bis in die jüngste Zeit die Hintereingänge. Deshalb bietet Leipe wie alle Spreewalddörfer den schöneren Anblick von der Wasserseite. Bis 1936, als der birkengesäumte Weg nach Lübbenau gebaut wurde, war Leipe nur mit dem Kahn erreichbar. Der Weg ist 6 km lang und führt über 13 Fließe. Die Autostraße nach Burg entstand erst in den sechziger Jahren.

ÜBERNACHTUNG/RESTAURANTS

Dubkow-Mühle
1 km vor dem Ort an der Straße von Burg, herrliche Lage an einem stillen Fließ mit eigener Anlegestelle; Bootsverleih. *16 Zi., Tel. 03542/22 97, Fax 417 22, Kategorie 3*

Spreewaldhotel Leipe
Ruhige Lage, eigene Kahnanlegestelle, gutes Restaurant, Biergarten, Verleih von Paddelbooten. *21 Zi., Dorfstraße 26, Tel. 03542/22 34, Fax 38 91, Kategorie 2*

KAHNFAHRTEN

Die beiden Hotels des Dorfes organisieren Kahnfahrten, ansonsten empfehlen sich die beiden Abfahrtsstellen im benachbarten Burg.

AUSKUNFT

Fremdenverkehrsverein
Ehm-Welk-Straße 15, 03222 Lübbenau, Tel. 03542/36 68, Fax 467 70

LÜBBENAU

(107/D5) Der mit Abstand bekannteste und größte Ort des Spreewaldes und für die meisten Touristen auch Ausgangspunkt für die Kahnfahrt in den Oberspreewald. Durch die Altstadt von Lübbenau (18 000 Ew.) wird nach der Kahnreise stets gern gebummelt. Die Ehm-Welk-Straße führt zum *Marktplatz* mit überwiegend zweigeschossigen Bürgerhäusern aus dem 18. und 19. Jh. Dort steht bei der Nikolaikirche als Reminiszenz an die Zeit, als Lübbenau zu

Hecht in Spreewaldsoße

1 Bund Wurzelgemüse, 2 Zwiebeln, 2 Lorbeerblätter und 8 Pimentkörner in 2 l Wasser aufsetzen und 10 Min. kochen lassen. 2 kg Hecht in Portionsstücke schneiden, in dem Sud auf kleiner Flamme garen. Für die Soße $^1/_2$ l Sud entnehmen, $^1/_8$ l Buttermilch und $^1/_8$ l Sahne darin verquirlen und mit 2 Eßlöffel Mehl andicken. Danach $^1/_4$ l helles und $^1/_4$ l Doppelmalzbier aufkochen lassen, 80 g Butter unterrühren und mit Salz abschmecken. Die Hechtstücke auf eine vorgewärmte Platte legen, mit Soße übergießen und mit gehackter Petersilie und Dill bestreuen. Serviert wird der Hecht mit Salzkartoffeln und grünem Salat (für 4 Personen).

Sachsen gehörte, eine kursächsische *Postmeilensäule* von 1740. Der Topfmarkt (nordwestlich des Marktes) wird durch das backsteinerne *Torhaus* abgeschlossen, in dessen Durchfahrt der gewaltige Kieferknochen eines Wals hängt, den Anfang des 18. Jhs. ein Lübbenauer Kaufmann der Stadt schenkte. Ein schöner Spaziergang führt durch den von zwei Spreearmen umschlossenen *Schloßpark*.

BESICHTIGUNG

Haus für Mensch und Natur

★ Das Hauptinformationszentrum des Biosphärenreservates Spreewald zeigt im ehemaligen Schulgebäude eine Ausstellung über Natur, Leben, Arbeiten und Erholen im Spreewald. *April–Okt. tgl. 10–17 Uhr, Nov.–März Mo–Fr 10–16 Uhr, Schulstraße 9*

MUSEUM

Spreewald-Museum

Das Torhaus nahm Anfang 1999 das Regionalmuseum auf, das viele Exponate über die Geschichte der Sorben und des Spreewaldes zeigt. *Torhaus am Topfmarkt, Öffnungszeiten unter Tel. 03542/24 72 erfragen*

RESTAURANTS

Café Zum Nußbaum

Schmackhaftes in einem Wintergarten. *Dammstraße 76, Tel. 03542/36 73, Kategorie 2*

Strubel's Restaurant

Spreewaldgerichte, hausgebackener Kuchen. *Dammstraße 3 (in der kleinen Seitengasse), Tel. 03542/27 98, Kategorie 2*

EINKAUFEN

Die Geschäfte konzentrieren sich in der *Ehm-Welk-Straße*, dort gibt es in der *Nr. 7* in der *Spreewaldgalerie* regionaltypische Souvenirs. In der *Dammstraße 76* bieten Töpfer ihre Erzeugnisse an.

ÜBERNACHTUNG

Schloß Lübbenau

Wohnen wie die Grafen zu Lynar! Ruhige Lage im Park unweit des größten Kahnfährhafens. *47 Zi., Schloßbezirk 6, Tel. 03542/87 30, Fax 87 36 66, Kategorie 1–2*

Spreewaldeck

Familiengeführtes Haus mit rustikaler Gaststube, in der schmackhaftes Essen serviert wird; behindertengerecht. *27 Zi., Dammstraße 31, Tel. 03542/890 10, Fax 89 01 10, Kategorie 2*

Turmhotel

13 große, freundlich eingerichtete Zimmer. *Nach Stottoff 1, Tel. 03542/891 00, Fax 89 10 47, Kategorie 2*

CAMPING

Camping am Schloßpark

In der Nähe des Kahnfährhafens (praktisch für Ausflüge), ruhige Lage auf einer kleinen, von hohen Bäumen umgebenen Halbinsel. *Ganzjährig geöffnet, Mittagsruhe 13–15 Uhr, Tel./Fax 03542/35 33*

KAHNFAHRTEN

Am *Großen Hafen, Dammstraße,* sind an den Abfahrtstellen A bis E die Fahrtrouten und Preise ausgehängt, bezahlt wird beim Fährmann. Die kürzeste Standardroute (ohne Aufenthalt) dauert etwa 2 Std., alle weiteren Fahrten zwischen 3 und 9 Std. (mindestens ein Halt). Fahrten mit Bewirtung, einer Fährfrau in Spreewaldtracht und Lampionfahrten am Abend können bestellt werden. *Genossenschaft der Kahnfährleute, Tel. 03542/2225, Fax 3604.* Am bedeutend weniger frequentierten *Kleinen Hafen, Spreestraße,* beginnen die Fahrten des *Kahnfährmannsvereins der Spreewaldfreunde, Tel./Fax 03542/2710*

SPIEL UND SPORT

Boote vermieten *Manfred Franke, Dammstraße 72,* und das *Bootshaus Kauper, Kaupers 1.* In der Straße des Friedens öffnet Ostern 1999 das *Freizeit- und Erlebnisbad Kristall.*

AUSKUNFT

Fremdenverkehrsverein
Ehm-Welk-Straße 15, 03222 Lübbenau, Tel. 03542/3668, Fax 46770

ZIELE IN DER UMGEBUNG

Alt-Zauche (107/E4)
Hochwaldfahrten ohne Aufenthalt – die ansonsten etwa 8 Std. dauern – sind von diesem Dorf aus schon in 2,5 Std. möglich. Die Zufahrt zum Kahnfährhafen ist ausgeschildert, Sa/So stehen Fährleute ab 10 Uhr bereit.

Calau (107/D6)
Die echten Kalauer kommen aus der Kleinstadt Calau (7000 Ew.). Geburtsstätte der auf Wortspiel und Doppelsinn beruhenden Witze ist das Haus Cottbuser Str. 16, in dem Redakteur Ernst Dohm Mitte des 19. Jhs. witzige Beiträge für das Berliner Wochenblatt »Kladderadatsch« schrieb. Am Ende des Zweiten Weltkriegs wurde Calau zu mehr als Dreiviertel zerstört, erhalten blieb das *Rathaus* am großen Marktplatz. In der *Stadtkirche* befinden sich zahlreiche Ausstattungsstücke aus Kirchen der Umgebung, die vom Braunkohleabbau überbaggert worden sind.

Der Spreewald ist ein Wassertourenparadies

Raddusch **(107/E5)**
Kahnfahrten werden in dem am Südrand des Oberspreewaldes gelegenen Dorf von *April bis Okt.* durchgeführt, *Tel. 035433/25 48.* Südlich der B 115 wird eine Slawenburg aus frühgeschichtlicher Zeit rekonstruiert, deren Reste vor einigen Jahren von Braunkohlebaggern entdeckt und ausgegraben worden waren. Das *Spreewaldhotel* bietet *27 Zi., Dorfstraße 24, 03226 Raddusch, Tel./Fax 035433/726 66, Kategorie 3.*

Spreewaldhof Wotschofska
(107/E5) Die beliebte Spreewaldgaststätte ist nur auf dem Wasser oder per Fuß auf einem 3,5 km langen Wanderweg von Lübbenau aus erreichbar. Am Wochenende sollten die Mittagsstunden gemieden werden, denn da legen oft Dutzende von Kähnen an. *April–Okt. tgl., Tel. 03546/76 01, Kategorie 3*

STRAUPITZ

(107/E4) Ein ruhiges Dorf (1300 Ew.) am Nordrand des Oberspreewaldes. Das 1794 erbaute Schloß (heute Schule) der Grafen von Houwald mußte zahlreiche Veränderungen erdulden; es ist von einem 1,25 km² großen Park mit altem Baumbestand und mehreren Teichen umgeben. Vom 96 m hohen *Weinberg* am westlichen Ortsrand haben Sie einen weiten Blick.

BESICHTIGUNGEN

Dorfkirche
Weithin sind die 40 m hohen Zwillingstürme der klassizistischen Kirche zu sehen. Von Karl Friedrich Schinkel stammt der Entwurf für den 1827–32 errichteten Prachtbau, der in den letzten Jahren restauriert wurde.

Technisches Denkmal Holländermühle
Kornmühle, Ölmühle und Sägemühle unter einen Dach – eine solche Dreifachschaumühle gibt es in Deutschland nur in Straupitz. Di–Do wird 16–18 Uhr frisches, warmgepreßtes Leinöl verkauft. *Di–Fr 9–18 Uhr, Sa, So 10–17 Uhr, Nov.–März nur Di–Fr 10–19 Uhr, Lassower Straße 11a, Tel. 035475/169 97*

RESTAURANT

Gasthaus Fasanenhof
Wild und Fisch aus der Region. *Bahnhofstraße 14, Tel. 035475/168 80, Kategorie 2*

ÜBERNACHTUNG

Winzer
Familiengeführte Pension. *9 Zi., 2 Ferienhäuser, Lübbener Straße 28, Tel. 035475/532, Kategorie 3*

KAHNFAHRTEN

Am Kahnfährhafen in der Ortsmitte beginnen 1,5–2-Std.-Fahrten. Wer länger durch den Spreewald gestakt werden möchte, muß zum Kahnfährhafen Buschmühle, etwa 5,5 km südlich des Dorfes, laufen oder fahren. Am Wochenende stehen Fährmänner ab 10 Uhr bereit.

AUSKUNFT

Heimat- und Fremdenverkehrsverein e. V.
Lübbener Str. 28, 15913 Straupitz, Tel./Fax 035475/167 71

206 214
249 115
344

Sandstrände wie an der Ostsee

Braunkohletagebaue verwandeln sich in Bade-, Surfer-, Segler- und Anglerparadiese

Es lohnt, die eintönig wirkenden Kiefernforste zu betreten, sie bieten nicht nur reiche Ernte an Blau- und Preiselbeeren und Unmengen von Pilzen, sondern auch viele malerische Seen mit sauberem Wasser. Von ihrem sandigen Ufer aus kann dem Spiel der Wellen und dem Kreisen der Weißstörche zugeschaut werden, die es in dieser Region besonders zahlreich gibt. Nördlich und südwestlich von Cottbus bieten sich dem Auge jedoch ganz andere Bilder: Landschaften, die der des Mondes gleichen. Die halbe Niederlausitz ruht auf Braunkohle, die in den 40 Jahren DDR Energielieferant Nummer eins war. Rücksichtslos fraßen sich die Braunkohlebagger ins Land, zurück ließen sie eine leblose Landschaft, die in ihrer Art beeindruckend wirkt. Wer solche Landschaften vor sich hat, kann sich kaum vorstellen, daß nach der Rekultivierung in einigen Jahrzehnten an diesen Stellen Segelboote über Wasserflächen gleiten, Kinder sich am Strand tummeln, Angler kapitale Fische aus dem Wasser ziehen werden... Schon heute sind mehr als die Hälfte aller Badegewässer in der Niederlausitz künstlichen Ursprungs. Auch der 1300 ha große Senftenberger See mit seinen herrlichen Sandstränden, die sich hinter denen der Nord- und Ostsee nicht zu verstecken brauchen, war ein Braunkohletagebau.

Die ehemalige Klosterkirche in Neuzelle mit ihrem reichen Barockschmuck

COTTBUS

☛ **Stadtplan in der hinteren Umschlagklappe**

(**108/A6**) Die Stadt (119 000 Ew.) am mittleren Spreelauf ist die größte der Lausitz. In den vergangenen Jahrzehnten waren die Kohle- und Energiewirtschaft und die traditionsreiche Textilindustrie die wichtigsten Arbeitgeber, heute ist Cottbus das Dienstleistungs- und Verwaltungszentrum Südbrandenburgs. Gern lassen die Cottbuser ihre Gäste den weithin bekannten Zungenbrecher probieren: »Der Cottbuser Postkutscher putzt den Cottbuser Postkutschenkasten.« Warum ein Postkutscher zur Symbolfigur der Stadt wurde, weiß keiner zu erklären. 300 Jahre alte Chroniken

MARCO POLO TIPS FÜR DIE SÜDNIEDERLAUSITZ UND DAS NEISSETAL

1 Park Branitz
Ein Meisterwerk der Gartenkunst mit zwei Pyramiden (Seite 44)

2 Fürst-Pückler-Museum
Erinnerungen an den »tollen Pückler« in einem reizvollen Barockschloß (Seite 46)

3 Klosterkirche Neuzelle
Prunk ohnegleichen in der Perle des märkischen Barock (Seite 51)

4 Senftenberger See
Ein Braunkohletagebau verwandelte sich in die Ostsee der Niederlausitz (Seite 53)

vermerken dazu nur: Zweimal wöchentlich verkehren Postkutschen nach Dresden und Berlin.

Cottbus, das im Zweiten Weltkrieg schwere Zerstörungen erlitt, kann zahlreiche Parks und Gärten vorweisen, am bekanntesten wurde der von Fürst Pückler-Muskau geschaffene *Park Branitz.*

BESICHTIGUNGEN

Altmarkt

Schöne Giebel- und Traufenhäuser mit barocken und klassizistischen Fassaden umgeben den Markt. Besondere Aufmerksamkeit verdienen die Nr. 10 von 1767, die Nr. 14 von 1693, die Nr. 16 von etwa 1675, die Nr. 22 aus dem 18. Jh. und das über 400 Jahre alte Haus Nr. 24, in dem 1568 die Löwenapotheke öffnete.

Galerie Marie 23

Ein Ort für Kunstaktionen und Performances. Überwiegend junge Künstler aus den neuen Bundesländern, aus Osteuropa und Ländern der dritten Welt präsentieren ihre Arbeiten. Auf dem Programm auch kleine *Jazz- und Rockkonzerte sowie Kammermusik. Di, Mi, Fr, Sa 14–20 Uhr, Do 16–22 Uhr, Marienstraße 23*

Klosterkirche

Der Rest des Franziskanerklosters mit dem ältesten Kunstdenkmal der Stadt: Die Grabplatte aus dem 14. Jh. (zwischen Kanzel und Altar) zeigt im Hochrelief den Stadtgründer Fredehelm und seine Gemahlin Adelheid. Vor der Jahrhundertwende wurde in dem Gotteshaus noch sorbisch gepredigt, deshalb heißt es auch Wendische Kirche. *Klosterplatz*

Oberkirche St. Nikolai

Die größte Kirche der Niederlausitz. Prachtstück in dem Bau mit dem 22 m hohen Hauptschiff ist der kostbare, 11 m hohe Renaissancealtar. *Oberkirchplatz*

Park Branitz

★ Ein Meisterwerk deutscher Gartenkunst von Hermann Fürst von Pückler-Muskau. Alle Gräben und Teiche wurden künstlich

Schloß Branitz, ein spätbarockes Bauwerk im gleichnamigen Park

geschaffen und sind mit der nahen Spree verbunden. Der durch den Erdaushub gewonnene Boden wurde zu Hügeln und zwei *Pyramiden* aufgeschüttet. Von der Landpyramide läßt sich ein Teil des Parks überschauen, die Wasserpyramide birgt in der Gruft das Herz Pücklers und den Leichnam seiner Gemahlin. Das reizvolle *Barockschloß*, das von Baumeister Gottfried Semper sein heutiges Aussehen bekam, beherbergt das Fürst-Pückler-Museum. Das *Kavalierhaus*, einst Gästeunterkunft, ist durch eine im italienischen Stil gehaltene Pergola mit dem Marstall verbunden.

Spreeauenpark
Die Bundesgartenschau 1995 hat diese 55 ha große, vielseitig gestaltete Parkanlage zurückgelassen. Von März bis Okt. ist sie mit der *Parkeisenbahn* zu erreichen, die auf einer 3,2 km langen Strecke vom Bahnhof Sandower Dreieck über den Eliaspark am Tierpark vorbei zum Bahnhof Friedenseiche (Branitz) verkehrt.

Technisches Denkmal Spreewehrmühle
Hier ist die einzige in der Lausitz noch funktionsfähige Flußmühle mit einem unterschlächtigen Wasserrad zu besichtigen. *Mai bis Mitte Okt. Mi, Fr 10–18 Uhr, Sa, So 14–18 Uhr, Am Großen Spreewehr 2*

MUSEEN

Niederlausitzer Apothekenmuseum
Die Einrichtungsgegenstände stammen aus mehreren Niederlausitzer Apotheken, die pharmazeutische Sammlung umfaßt rund tausend Stücke. Sehenswert sind auch Arzneikeller, Kräuterkammer und mittelalterliches Labor. *Führungen Di–Fr 11 und 14 Uhr, Sa, So, Feiertage 14 und 15 Uhr, Altmarkt 24*

Brandenburgische Kunstsammlungen Cottbus
Museum für zeitgenössische Kunst, Fotografie und Plakate. Viertausend Werke der bildenden Kunst sind vorhanden, von denen aus Platzmangel leider im-

mer nur ein kleiner Teil gezeigt werden kann. Erkundigen Sie sich nach dem vielseitigen Veranstaltungsprogramm! *Di–So 10 bis 18 Uhr, Spremberger Straße 1*

Fürst-Pückler-Museum

★ Im Schloß Branitz blieben aus der Zeit des Fürsten Räume mit originaler Einrichtung erhalten, so der Rote und der Blaue Salon. Sie wurden 1857 eingerichtet, als das preußische Kronprinzenpaar zu Besuch kam. Im Obergeschoß erinnern diverse Exponate an die Reisen des Hausherrn in den Vorderen Orient. Gewürdigt wird auch der 1798 in Cottbus geborene Landschaftsmaler Karl Blechen. *April–Okt. tgl. 10–18 Uhr, Nov.–März tgl. 10–17 Uhr, im Park Branitz*

Museum der Natur und Umwelt

Hier erhalten Sie Informationen zur Braunkohle und zu Problemen der Landschaftsgestaltung. *Di–Fr 8.30–17 Uhr, Sa, So 10 bis 17 Uhr, Am Amtsteich 17–18*

Wendisches Museum

Zeugnisse der Kunst und Kulturgeschichte der Niederlausitzer Sorben. *Di–Fr 8.30–17 Uhr, Sa, So 14–18 Uhr, Mühlenstraße 12*

RESTAURANTS/CAFÉS

Bistro Arcade

Konstant gute Küchenleistungen. *Vetschauer Straße 12 (im Radisson SAS), Tel. 0355/476 10, Kategorie 1*

Café-Restaurant Lauterbach

Leckere Sachen aus eigener Produktion, in der Pückler-Stadt selbstverständlich auch Fürst-Pückler-Eis. *Spremberger Straße 4, Tel. 0355/247 58, Kategorie 2*

Molle

Eine Mischung aus englischem Pub und gediegener Gaststätte: 9 Faßbiere und etwa 30 Flaschenbiere nationaler und internationaler Brauereien. *Stadtpromenade 10, Tel. 0355/221 11, Kategorie 2*

Pflaumenbaum

Laut Eigenwerbung »das total unmögliche Gasthaus«. Treff der Szene, hierher geht man zum Diskutieren und Trinken. Unbedingt die kuriose Speisekarte zur Hand nehmen. *Open end, Schloßkirchplatz 1, Tel. 0355/79 05 53, Kategorie 3*

Stadtwächter

Urige Kneipe, die richtige Adresse für alle, die nach Mitternacht Hunger bekommen. *Tgl. bis 4 Uhr morgens, Mauerstraße 34, Tel. 0355/236 18, Kategorie 2*

Weinstube-Restaurant Engelhardt

Fischspezialitäten, über 70 deutsche und internationale Weine. *Altmarkt 22, Tel. 0355/238 99, Kategorie 2*

EINKAUFEN

Einkaufs- und Flanierstrecke ist die Spremberger Straße, von den Einheimischen kurz »Sprem« genannt. Den traditionellen Lausitzer Blaudruck gibt es bei *Evelin Rühtz-Müller, Burgstraße 19.* Neu erbaut und zum Shopping empfehlenswert: *Lausitzer Hof* am *Berliner Platz* und *Fürst-Pückler-Passage* am *Hauptbahnhof.*

ÜBERNACHTUNG

Holiday Inn Express Cottbus

In den Komplex Lausitzer Hof eingebundenes Hotel; behindertengerecht. Komfortabler – aber auch wesentlich teurer – wohnen Sie im benachbarten, unter derselben Leitung stehenden *Holiday Inn Cottbus. 110 Zi., Berliner Platz, Tel. 0355/35 60, Fax 35 69 99, Kategorie 2*

Radisson SAS Hotel Cottbus

Qualität hat eben ihren Preis. Mehr für ein Zimmer als hier müssen Sie in der Lausitz nirgendwo anders zahlen. Toll ist der Blick über Cottbus vom Fitneßbereich in der 9. Etage; behindertengerecht. *241 Zi., Vetschauer Straße 12, Tel. 0355/476 10, Fax 476 19 00, Kategorie 1*

Waldhotel

Neubau am Rand der Stadt in einem kleinen Wald, rustikal und behaglich eingerichtete *53 Zi., Drachhausener Straße 70, Tel. 0355/876 40; Fax 876 41 00, Kategorie 2*

Jugendherberge

Im Zentrum der Stadt. *70 Betten, Klosterplatz 2–3, Tel. 0355/225 58, Kategorie 3*

AM ABEND

Das *Staatstheater Cottbus* ist ein Mehrspartentheater: *Großes Haus, Schillerplatz 1; Kammerbühne, Wilhelm-Külz-Straße 11*

Durch ihre spannungsreichen Inszenierungen hat die *Theaternative C,* das kleine Theater in der Stadthalle, auf sich aufmerksam gemacht. Der *Konzertsaal des Konservatoriums,* der über eine Sauer-Orgel verfügt, wird wegen seiner hervorragenden Akustik gerühmt. *Puschkinpromenade 13/14*

Wer fetzigen Jazz und Rock live erleben will oder auch Disko mag, geht ins *Glad-House, Straße der Jugend 16;* mehrmals in der Woche. Die Szene trifft sich in der *Alten Weberei, Nordstraße 4:* Live-Musik und Kleinkunst. *Di bis So 19 Uhr bis Open end*

AUSKUNFT

Cottbus-Information

Karl-Marx-Straße 68 (im Lausitzer Hof), 03046 Cottbus, Tel. 0355/242 54, Fax 79 19 31

Einzigartig in Europa – das im Jugendstil erbaute Staatstheater von Cottbus

ZIELE IN DER UMGEBUNG

Forst **(108/C6)**
Die gemütliche Kleinstadt (25 400 Ew.) an der Neiße besitzt mit dem *Ostdeutschen Rosengarten* einen touristischen Anziehungspunkt: Mehr als 30 000 Rosenstöcke von 320 Sorten blühen hier. Das *Brandenburgische Textilmuseum* mit einer Schauwerkstatt gibt Auskunft über die 500jährige Tradition von Forst als Tuchmacherstadt. *Mi–Do 10–17 Uhr, Fr–So 14–17 Uhr, Sorauer Straße 37*

Horno **(108/C5)**
Die kleine Gemeinde sorgt seit Jahren für Schlagzeilen. Denn Horno soll dem Braunkohletagebau Jänschwalde geopfert werden, die 350 Einwohner widersetzen sich aber seit Jahren vehement der Abbaggerung ab dem Jahr 2003.

Peitz **(108/B5)**
Weithin als Karpfenstadt (6 000 Ew.) bekannt. Die Teiche entstanden durch den Abbau von Raseneisenstein, der im 16. Jh. begann und 1958 endete. Das *Hüttenwerk (April–Okt. Sa, So 11–18 Uhr)* hatte seine Blütezeit während der Befreiungskriege 1813 bis 1815, als hier Kanonenrohre und -kugeln produziert wurden. Der Eisenhammer wurde mit der Wasserkraft des Hammergrabens betrieben. Von der Festung blieb der Turm aus dem 16. Jh. mit seinen meterdicken Mauern stehen. Er ist das Wahrzeichen von Peitz. *Turmbesteigung April–Okt. So 10–18 Uhr.* In der Gaststätte *Karpfenklause* gibt es Aal, Hecht, Zander und Karpfen, gefangen in den nahen Teichen. *Hüttenwerk 1, Tel. 035601/223 53, Kategorie 3*

Saunadorf Leuthen **(112/A1)**
Wer Glück hat, kann sich am Tresen der Bar sein Bier von Schwimmstar Franziska van Almsick zapfen lassen. Im Dorf Leuthen nahe der B 169 betreibt die Mutter der Sportlerin die größte Saunaanlage Brandenburgs. Und diese ähnelt einem Dorf: Auf dem 4 500 m² großen, als Gutspark angelegten Gelände des *Finnischen Saunadorfes, Mo–Fr 14–23 Uhr, Sa, So 11–23 Uhr,* findet der Besucher drei Saunen, ein römisches Dampfbad, Swimmingpool und Sonnenterrasse.

Tagebau Jänschwalde **(108/B–C 5)**
Der Blick in den 5 km langen Tagebau mit der 650 m langen Abraumförderbrücke F 60 ist faszinierend. In *Grötsch* an der nordwestlichen und *Briesnig* an der nordöstlichen Seite sind Aussichtsplateaus eingerichtet, beide über öffentliche Zufahrten zu erreichen. Die Standorte werden dem Verlauf des Tagebaus angepaßt, die Ausschilderung entsprechend verändert. Vermutlich im Jahr 2019 wird der Kohleabbau enden.

GUBEN

(108–109/C–D 3–4) Eine Brücke über die Neiße führt in den östlichen Teil der Stadt, der seit 1945 unter dem Namen Gubin zu Polen gehört. Dieser Ortsteil ist das historische Zentrum der geteilten Stadt, der deutsch gebliebene Westteil (28 000 Ew.) zeichnet sich durch viele Grünanlagen und elf Seen in der Umgebung aus. Guben gehört zu den in den letzten Tagen des Zweiten Weltkrieges meistzerstörten Städten in dieser Region, die Wunden sind noch heute sichtbar. Einen weiten Blick bis nach Polen haben Sie von der 117 m hohen *Kahlen Glatze* der Kaltenborner Berge.

BESICHTIGUNG

Ludwig-A.-Meyer-Haus
Die Neorenaissance-Villa, benannt nach ihrem jüdischen Erbauer, wurde zum Deutsch-Slawischen-Kulturzentrum. Gezeigt werden u.a. Ausstellungen. Im Lesezimmer liegen Zeitschriften sowie Reiseliteratur aus dem osteuropäischen Raum aus. *Di–Do 9–12, 14–18 Uhr, Fr 9–14 Uhr, Uferstr. 11*

MUSEEN

Stadtmuseum Sprucker Mühle
Ausstellungen zur allgemeinen Ur- und Frühgeschichte und zur Geschichte der Stadt. Die erhalten gebliebene Ausstattung der 1363 erstmals erwähnten Sprucker Mühle kann besichtigt werden. Im Museumsgarten wachsen Nutz-, Heil-, Gewürz- und Zierpflanzen, die einst in der Niederlausitz verbreitet waren. *Mi, Do 9–12, 14–17 Uhr, Fr–So 14–17 Uhr, Mühlenstraße 5*

Technisches Museum der Hutindustrie
Hüte aus Guben hatten Weltruf, die Stadt war der bedeutendste Standort der deutschen Wollhutindustrie. In der ältesten noch heute bestehenden Hutfabrik gibt es umfangreiche Informationen hierzu. *Di, Mi 9–17 Uhr, Gasstraße 4–7.* Da demnächst Umbauarbeiten stattfinden, sollten Sie sich telefonisch erkundigen, ob geöffnet ist: *Tel. 03561/43 13 50*

RESTAURANT/HOTEL

Waldow
Familiengeführtes Hotel am nördlichen Stadtrand mit Sauna, Solarium, überdachtem Swimmingpool; behindertengerecht. Im Restaurant wird regionale und internationale Küche serviert. *62 Zi., Hinter der Bahn 20, Tel. 03561/40 60, Fax 21 71, Kategorie 2–3*

AUSKUNFT

Tourist-Information
Berliner Straße 30a, 03172 Guben, Tel. 03561/38 67, Fax 39 10

ZIELE IN DER UMGEBUNG

Deulowitzer See (108/C4)
Der beliebteste Badesee der Gubener: schöne Lage, schnell erreichbar. Ruderboote können ausgeliehen werden. Auf dem Grund des Sees, so erzählt man sich, soll Napoleons Kriegskasse liegen. Bis jetzt waren aber alle Tauchermühen vergebens!

Eisenhüttenstadt (108/C1)
Wenn Sie auf die *Diehloer Berge* steigen, liegt Ihnen Eisenhüttenstadt sozusagen zu Füßen. Im Vordergrund sehen Sie die nach 1950 auf der grünen Wiese für die Arbeitnehmer des neuen Eisenhüttenwerks erbauten Wohnsiedlungen, die den Namen Stalinstadt bekamen. 1961 wurden sie mit dem Städtchen Fürstenberg und dem Dorf Schönfließ zum heutigen Eisen-

hüttenstadt (46 000 Ew.) vereint. »Erste sozialistische Stadt der DDR« nannte sich Eisenhüttenstadt fortan. Die Wohnkomplexe 1 bis 4 zwischen Beeskower-, Karl-Marx-, Friedrich-Engels- und Diehloer Straße stehen unter Denkmalschutz, sie sind ein anschauliches Beispiel für die Entwicklung von Architektur und Städtebau in den ersten beiden DDR-Jahrzehnten. Beschauliche Atmosphäre dagegen hat sich im heutigen Stadtteil *Fürstenberg* erhalten, besonders im Kiez am Oder-Spree-Kanal mit seinen schmalen, verwinkelten Gassen. In der *Heinrich-Pritzsch-Straße 26* hat sich das *Feuerwehrmuseum* etabliert. *Di–Do 10–17 Uhr, Fr bis 16 Uhr, Sa 14–17 Uhr, So 9–12 Uhr.* Im neuen Stadtteil befindet sich das *Hotel Lunik, Straße der Republik 35, 68 Zi., Tel. 03364/554 11, Fax 443 11, Kategorie 2.* Alles, was zum Alltag der DDR-Bürger gehörte,

Der Pinnower Waldsee gehört zu jenen elf Seen, die es um Guben herum gibt

sammelt das *Dokumentationszentrum Alltagskultur der DDR.* Fast 30 000 Gegenstände sind bis jetzt zusammengekommen. *Mi–Fr 9–18 Uhr, Erich-Weinert-Allee 3*

Gubin (109/D3–4)
Das Ziel der meisten, die über die Neißebrücke in das polnische Gubin (18 000 Ew.) eilen, heißt Polenmarkt. Der Lebensmittelmarkt befindet sich in Grenznähe, der Industriewarenmarkt etwa 1 km entfernt. Markttag ist jeden Tag, die Preise sind fast überall in Mark verzeichnet. Von der 600 Jahre alten Stadtbefestigung blieb der 23 m hohe Werderturm stehen, die mächtige Stadt- und Hauptkirche ist seit 1945 Ruine. Wieder aufgebaut wurde nach der Kriegszerstörung das Rathaus aus dem 17. Jh., es dient als Kulturhaus. Geldwechselstellen sind nach der Grenzkontrolle reichlich vorhanden. Wer etwas von der wald- und seenreichen Umgebung sehen möchte, für den stehen an der Grenze Taxen bereit.

Klosterkirche Neuzelle (108/C2)
★ Die Perle des märkischen Barocks. Die ehemalige *Klosterkirche St. Marien* bietet im Innern mit prächtigen Deckengemälden, reichen Stuckdekorationen, Holzschnitzereien und Altären einen Prunk ohnegleichen, der aus dem 17. bis 19. Jh. stammt. Ihre heutige Außengestalt mit der geschwungenen Fassade bekam die Kirche 1730–40. *Besichtigung Mo, Di, Do 11–11.30 Uhr, 15–15.30 Uhr, Mi, Fr 11–11.30, 14.30–15.30 Uhr, Sa 11–12, 14.30–15.30 Uhr, So 10.30–12, 13–13.30, 14.30–15.30 Uhr.* Das Zisterzienserkloster Neuzelle bestand nach der Reformation weiter, erst 1817 wurde es aufgehoben. Südlich der Klosteranlage steht die barocke *Kirche zum Heiligen Kreuz,* deren Innenausstattung aus der Erbauungszeit 1728 bis 1734 stammt. *Besichtigungen tgl. 10.30–11, 13.30–14 Uhr.* Die Neuzeller *Klosterbrauerei* darf neuerdings ihren schwarzen, malzaromatischen Gerstensaft nicht mehr Bier nennen, weil ihm ein wohldosierter Schuß Zuckersirup zugesetzt wird, was gegen das deutsche Bierreinheitsgebot verstößt. Das über die Region hinaus beliebte Getränk wird nunmehr unter dem Namen »Schwarzer Abt« verkauft.

Das *Landhaus-Hotel Prinz Albrecht* bietet 17 Zi., Restaurant, Bistro und Café. *Frankfurter Str. 34, 15898 Neuzelle, Tel. 033652/813 22, Fax 813 25, Kategorie 2*

Pinnower See (108/B3)
Der Waldsee lädt zum Angeln, Surfen, Rudern und Baden ein. Fahrräder und Ruderboote stehen zum Mieten bereit. Motorboote sind nicht zugelassen. Essen zu zivilen Preisen: *Karpfenschenke, Di Ruhetag, Tel./Fax 035691/61 00, Kategorie 3*

SENFTENBERG

(111/E3–4) Der Braunkohlebergbau begann zu Kaiser Wilhelms Zeiten das bis dahin beschauliche Ackerbürgerstädtchen in einen Industrieort (26 000 Ew.) zu verwandeln; in unserer Zeit wurde Senftenberg durch den gleichnamigen See ein Ferienort. 1941 förderte man aus dem Tagebau Niemtsch die erste Braunkohle, 1973 empfing die Grube als *Senftenberger See* die ersten neugierigen Badegäste. An heißen Sommertagen tummelten sich schon bis zu 200 000 Menschen an den Stränden und erfrischten sich im klaren Wasser.

BESICHTIGUNG/MUSEUM

Festungsanlage mit Museum
Keine trutzigen Mauern schützten im Mittelalter die militärischen Anlagen, sondern ein Erdwall. Deshalb gilt die Senftenberger Erdfestung als Seltenheit in Deutschland. Im dazugehörenden Schloß zeigt das *Kreismuseum* u. a. Kunstgegenstände, die aus Dorfkirchen stammen, die der Braunkohle weichen mußten. Im Schloßhof steht Ernst Barlachs berühmte Plastik »Bettler auf Krücken«. Von den Nationalsozialisten als »entartete Kunst« verdammt, überdauerte sie die Zeit des Hitler-Regimes unter Schutt. *Di–Fr 10–16 Uhr, Sa, So 13–17 Uhr (Mai–Sept. 14 bis 18 Uhr), Steindamm*

RESTAURANT/CAFÉ

Konditorei Wesenfeld
Kuchen aus eigener Herstellung zum Mitnehmen oder Essen im Café, 50 m vom Markt entfernt. *Kreuzstraße 14, Tel. 03573/26 46*

Kumpelklause
Gepflegte Küche, angenehme Atmosphäre. *Otto-Nuschke-Str. 4, Tel. 614 49, Kategorie 2*

ÜBERNACHTUNG

Kronprinz
Nach der Modernisierung bietet das Haus das gute Niveau eines Kleinstadthotels. *17 Zi., Ernst-Thälmann-Straße 44, Tel. 03573/ 21 53, Fax 79 17 58, Kategorie 2*

Parkhotel
18 zweckmäßig eingerichtete Zimmer. *Steindamm 20, Tel. 03573/ 738 61, Fax 20 74, Kategorie 2*

AM ABEND

Das Programm der *Neuen Bühne* (einst Theater der Bergarbeiter) reicht von der kleinen Oper über das Musical bis zum Schauspiel. Sommermusiken von Mai bis Juli in der *St.-Peter-Paul-Kirche.* Die Jugend von Senftenberg und Umgebung trifft sich zur Disko im *Blue Sky, Berliner Straße,* im nahen Lauchhammer.

Falscher Goldmacher

Der hochverschuldete Johann Hektor von Klettenberg streute das Gerücht aus, er könne Gold machen. Sachsens Kurfürst August der Starke wollte sich den Wundermann sichern und ernannte ihn zum Amtshauptmann des seinerzeit sächsischen Senftenberg. Im Schloß führte von Klettenberg seinen ausschweifenden Lebensstil zum Leidwesen der Bürger weiter. Beschwerden bei August dem Starken hatten jedoch Erfolg: Als dem Kurfürst kein Gold vorgelegt wurde, ließ er den vermeintlichen Goldmacher im Senftenberger Schloß verhaften und als Betrüger auf die Festung Königstein bringen, wo er nach zwei mißglückten Fluchtversuchen 1720 hingerichtet wurde.

AUSKUNFT

Senftenberg-Information
Markt 19, 01969 Senftenberg, Tel. 03573/21 70, Fax 27 45

ZIELE IN DER UMGEBUNG

Doberlug-Kirchhain (110/B2)
5 cm dick ist die gegerbte Haut eines Elefanten. Zu sehen im einzigen Weißgerbermuseum Europas, das sich in einer bis 1947 betriebenen Gerberei befindet. *Potsdamer Straße 18, Di–Do 9–12, 14–17 Uhr, Fr bis 16 Uhr, So 14–16 Uhr*

Finsterwalde (110/C2)
Zum Kreismuseum gehört als Rarität ein echter Kolonialwarenladen aus Großmutters Zeiten *(Di 9–11, 14–18 Uhr, Mi, Fr, So 9–11, 14–17 Uhr, Lange Straße 6–8).* Mit seiner Küche hat sich der *Goldene Hahn (Bahnhofstr. 3, Tel. 03531/22 14, Kategorie 1)* einen guten Namen gemacht.

Grünewalder Lauch (110/B4)
6 km Strand mit FKK-Teil gibt es an dem 100 ha großen See, der aus einer Braunkohlegrube entstand. Segler und Surfer lieben das Gewässer, Bootsverleih ist vorhanden. Fernab vom Straßenlärm finden Sie hier westlich von Lauchhammer Ruhe und Erholung. Der *Campingplatz* hat *April–Okt.* geöffnet, Mittagsruhe *13–15 Uhr, Tel. 03574/38 26*

Hohenbockaer Schweiz (111/E 4–5)
»Bucksche Schweiz« sagen die Einheimischen zu diesem schönen Fleckchen Erde südlich von Senftenberg. Vom Schloßpark in Hohenbocka führt die Weinbergstraße zum Aussichtsturm, von dem Sie auf das größte Waldgebiet im Cottbuser Raum schauen. Am ehemaligen Hinrichsschacht liegt verhärteter Glassand, der dem Sandstein der Sächsischen Schweiz gleicht.

Kunstgußmuseum Lauchhammer (110/C4)
Im vorigen Jahrhundert war die Kunstgießerei Lauchhammer Deutschlands bedeutendste Bronzebildgießerei. Zahlreiche Monumentalplastiken von Persönlichkeiten aus Politik und Wissenschaft erblickten hier das Licht der Welt. Das Museum bekam seinen Platz in dem 1898 erbauten Lehrlingswohnheim, dem vermutlich ersten seiner Art in Deutschland. *Tgl. 14–18 Uhr, Grünhauser Straße 19*

Museumshof Großkoschen (111/E4)
In einem für diese Region typischen Vierseitengehöft wird Einblick in bäuerliches Leben gegeben. Schauen Sie auch in den Kräutergarten! Do gibt es (meistens) frisches, im Bauernofen gebackenes Landbrot zu kaufen *Mai–Okt. Di–Fr 10–15.30 Uhr, Sa, So 13–17 Uhr, Dorfplatz 13*

Senftenberger See (111/E4)
★ Das 1300 ha große Gewässer gilt als die Ostsee der Niederlausitz. In Senftenberg, Großkoschen und Niemtsch gibt es Badestrände von mehr als 11 km Länge (davon 5 km für FKK). Der See bietet ideale Bedingungen zum Segeln, Rudern, Surfen und Angeln. Boots- und Fahrradausleihe sind vorhanden. Schiffsrundfahrten (70 Min.) von *April bis Sept.* Die Ferienanlage in Großkoschen (am Südufer) verfügt über mehr als dreihundert

Ferienhäuser unterschiedlicher Größe und unterschiedlicher Ausstattung (für 2–6 Personen) und einen von April bis Okt. geöffneten Campingplatz. *Tel. 03573/ 80 00, Fax 80 08 01, Kategorie 3*

Fisch aus dem See gibt es in der neuen Gaststätte *Gaumensegel,* die einen hervorragenden Panoramablick auf den See bietet. Die Gaststätte liegt zwischen Seeufer und Schwarzer Elster. *Tel. 03573/66 30 60, Kategorie 2*

SPREMBERG

(112/A–B 3) Die Tallage und die umgebende Spreeauenlandschaft machen den besonderen Reiz von Spremberg (23 000 Ew.) aus. Die Altstadt liegt zwischen zwei Spreearmen auf einer Insel, die durch acht Brücken und Stege mit dem Umland verbunden ist. Seit der Einheit Deutschlands bekam vieles neuen Glanz, so das Schloß, das Kavalierhaus in der Langen Straße 14–16 und das kleinste und älteste Haus der Stadt, ein 1580 errichteter Fachwerkbau in der Burgstr. 9.

BESICHTIGUNGEN

Bismarckturm

Von dem 1903 erbauten, 23 m hohen Turm auf dem Georgenberg hat man einen wunderbaren Blick auf die Umgebung. Um auf die Turmspitze zu gelangen, müssen aber zunächst 140 Stufen der Himmelsleiter überwunden werden, des »Schlüpferstegs«, wie die Spremberger sagen. *April–Okt. Mi 9–12 Uhr, Sa, So, Feiertage 14 bis 18 Uhr*

Kirchen

Die gotische *Kreuzkirche* im Stadtzentrum nahm kulturgeschichtlich Wertvolles von Kirchen der Spremberger Region

Das Freibad in Spremberg – ein Erlebnis für groß und klein

auf, die in den vergangenen Jahrzehnten dem Braunkohlebergbau weichen mußten; der Renaissancealtar im südlichen Seitenschiff zum Beispiel stammt aus der Dorfkiche in Jessen nahe Spremberg.

Die *Auferstehungskirche* aus dem 13. Jh. auf dem Schomberg ging vom Dorf Pritzen zwangsweise auf Wanderschaft. Um nicht dem Braunkohleabbau zum Opfer zu fallen, wurde sie von 1988 bis 1990 Stein für Stein abgetragen und an ihrem heutigen Standort wieder aufgebaut.

MUSEUM

Niederlausitzer Heide- und Kreismuseum
Interessantes über die Lebens- und Arbeitsweise der Menschen dieser Region. Das sorbische Heidebauernhaus von 1780 auf dem Parkgelände stammt aus dem Dorf Groß Buckow, das die Braunkohlebagger vernichteten. *Di–Fr 9–12, 13–17 Uhr, Sa, So 14 bis 17 Uhr, Schloßbezirk 3*

RESTAURANTS/HOTELS

Hotel am Berg
600 m vom Stadtzentrum entfernt in ruhiger Lage; behindertengerecht. *Restaurant Mo–Sa ab 17.30 Uhr, 17 Zi., Bergstr. 30, Tel. 03563/917 67, Fax 948 37, Kategorie 3*

Hotel und Gaststätte Zur Wildtränke
Umgeben von Feldern und Wald, Wildgehege mit Mufflons und 130 Damhirschen, im Restaurant ständig Wildspezialitäten. *14 Zi., Grausteiner Weg 15, Tel. 03563/923 69, Fax 902 76, Kategorie 3*

CAMPING

SpreeCamp Bagenz
Ebenes Gelände an der Talsperre Spremberg. *April–Okt. geöffnet, Mittagsruhe 13–15 Uhr, behindertengerecht, Tel. 035697/23 25, Fax 219*

SPIEL UND SPORT

Das neue *Erlebnisbad* mit einer 70-m-Rutsche im Kochsagrund bietet bei schönem Wetter Badespaß. Zum Baden, Angeln, Rudern und Segeln lädt die 7 km lange Talsperre am nördlichen Stadtrand von Spremberg.

AUSKUNFT

Touristinformation
Am Markt 2, 03130 Spremberg, Tel./Fax 03563/45 30

ZIEL IN DER UMGEBUNG

Buckwitzberg **(112/A2)**
Am Nordrand des Tagebaus Welzow-Süd, in der Nähe von Rehnsdorf, entstand der *Buckwitzberg*, der aus 360 000 m³ Bergbauabraum 1994/95 aufgeschüttet wurde. Im Sommer lädt er zum Wandern, im Winter sind zwei Rodelbahnen und der Schlittschuhteich Anziehungspunkte. Am Tagebau-Nordrand bei Papproth (in Drebkau von der B 169 in Richtung Jehserig abbiegen) wurde ein *Aussichtsplateau* eingerichtet. Der Tagebau Welzow-Süd hat ein bis zu 14 m mächtiges Flöz. Die Abraumförderbrücke F 60 legt täglich mehr als 100 000 t Kohle frei. Die Schattenseite des Kohleabbaus: Bis 1989 sind aus dem Bereich des Tagebaus fast 3000 Menschen umgesiedelt worden.

Zweisprachige Orts- und Straßenschilder

Sorbische Bräuche, Städte mit zu Stein gewordener Geschichte und Dörfer mit alten Umgebindehäusern

Zweisprachige Orts- und Straßenschilder um Bautzen, Hoyerswerda, Kamenz und Weißwasser sagen es jedem Ankommenden: Du befindest dich im Sorbenland. Die Trachten der Sorben sind hier nicht nur in Museen zu bewundern, an Fest- und Feiertagen bereichern sie die Bilder von Städten und Dörfern. Mit zu Stein gewordener Geschichte warten in der vielgestaltigen Oberlausitzer Landschaft besonders die Altstadtkerne von Bautzen und Görlitz auf. Das Bergland ist im Gegensatz zur Teich- und Heidelandschaft dicht besiedelt. In den Tälern ziehen sich oft kilometerlang Dörfer mit den charakteristischen Umgebindehäusern und gepflegten Vorgärten hin. Türstöcke aus Granit und Sandstein, Schieferverkleidungen und Sonnenuhren prägen die Zeugnisse dieser Volksarchitektur. Zu den Höhen des Berglandes, auf denen vielfach Aussichtstürme und Gaststätten auf Touristen warten, führen gut markierte Wanderwege.

Im englischen Landschaftsstil: der berühmte Muskauer Park

BAD MUSKAU

(**113/D3**) Der große und prachtvolle Landschaftspark im englischen Stil machte Bad Muskau (4000 Ew.) weithin bekannt. Das Kunstwerk schuf Hermann Fürst von Pückler-Muskau ab 1815 als eine »zusammengezogene idealisierte Natur«. Den amtlichen Zusatz »Bad« darf die Stadt an der Neiße seit 1961 führen. Am nordwestlichen Stadtrand bei der B 156 verläuft die Grenze zwischen dem Freistaat Sachsen und dem Bundesland Brandenburg, die zugleich die Grenze zwischen der Nieder- und der Oberlausitz bildet.

BESICHTIGUNG

Muskauer Park

★ Ein von Menschenhand geschaffenes Naturkunstwerk. Kenner meinen, es sei Deutschlands schönster Park im englichen Landschaftsstil. Das Wegenetz hat eine Länge von 27 km; von vielen Stellen aus bieten sich großartige Bilder. Das *Alte Schloß* entstand nach der Kriegszerstörung 1945 wieder, noch Ruine ist das *Neue Schloß,* in dem der geniale Gartengestalter Pückler das Licht der Welt erblickte (der Wiederaufbau ist aber vorgesehen). Die im Tudorstil erbaute *Orangerie* war einst das Überwinterungshaus für die empfindlichen Orangenbäume, nach jahrzehntelangem Verfall wurde sie restauriert und wird heute für kulturelle Zwecke genutzt. Im *Tropenhaus* in der ehemaligen Schloßgärtnerei gedeihen Kakteen und viele andere Pflanzen aus fernen Ländern prächtig *(Ostern–Okt. Mo–Fr 8–15 Uhr, Sa, So 10–17 Uhr).*

Als Folge des Zweiten Weltkrieges wurde die durch den Park fließende Lausitzer Neiße Staatsgrenze zu Polen, seitdem gehören 344 ha des Parkgeländes zu Polen, bei Deutschland verblieben nur 206 ha. Beide Parkteile nahmen seit 1945 eine unterschiedliche Entwicklung. Der polnische Teil bekam den Status eines Naturschutzgebietes, in dem nichts verändert werden darf, der deutsche Teil wurde zum Gartendenkmal erklärt.

MUSEUM

Stadt- und Parkmuseum
Vor dem Parkspaziergang lohnt ein Blick in das 1863 bis 1866 erneuerte Schloß: Die Ausstellung vermittelt Wissenswertes zur Geschichte des Landschaftsgartens. *Altes Schloß, Mai–Sept. Di–So 10–12, 13–17 Uhr, Okt.–April Di–Fr 10–12, 13–16 Uhr, Sa 13–16 Uhr*

RESTAURANTS

Gasthof Bergkristall
Gaumenfreuden und Schaulust: Als Reminiszenz an die traditionsreiche Glasindustrie wurde mitten in den Gastraum eine Schauglasschleiferei gesetzt. *Holteiweg 5, Tel. 035771/511 00, Kategorie 2*

Café am Wasserturm
Umfangreiches Speisen- und Getränkeangebot. Vom Wasserturm ein schöner Blick, der mit einem kleinen Obolus bezahlt werden muß. *Schützenstr. 1, Tel. 035771/511 34, Kategorie 2*

MARCO POLO TIPS FÜR DAS OBERLAUSITZER HEIDE- UND BERGLAND

1. **Muskauer Park**
Der einzige Landschaftsgarten der Welt, den eine Staatsgrenze teilt (Seite 57)

2. **Bautzen**
Zeugnis mittelalterlicher Städtebaukunst (Seite 60)

3. **Alte Pfefferküchlerei**
250 Jahre altes Denkmal der Produktionsgeschichte am Weißenberger Markt (Seite 64)

4. **Saurierpark Kleinwelka**
Urzeitliche Reptilien in Lebensgröße (Seite 63)

5. **Görlitzer Altstadt**
Ein Bilderbuch deutscher Architekturgeschichte (Seite 65)

6. **König-Friedrich-August-Turm**
Meisterwerk der deutschen Eisengießerkunst auf dem Löbauer Berg (Seite 75)

Herrenhaus und malerische Ruine: Altes und Neues Schloß im Muskauer Park

Weinkeller
Im historischen Gemäuer des Alten Schlosses. Wer keinen Wein möchte, bekommt Bier serviert. *Mo geschl., Altes Schloß, Tel. 035771/60308, Kategorie 3*

EINKAUFEN

Tausende strömen täglich über die Grenzbrücke auf den Polenmarkt jenseits der Neiße. Dort beginnt für die Deutschen das Schnäppchen-Dorado, für die Polen die Jagd nach der Mark. Textilien, Schuhe, Korbwaren, Musikinstrumente, Käse und eine unvorstellbare Markenvielfalt unversteuerter Zigaretten – hier ist nahezu alles zu bekommen, aber nur für D-Mark.

ÜBERNACHTUNG

Am Schloßbrunnen
Angenehmes Haus. *13 Zi., Köbelner Str. 68, Tel. 035771/52 30, Fax 523 50, Kategorie 2–3*

Parkstadt-Hotel
Neubau in ruhiger Lage, Sauna, Solarium, Whirlpool. *21 Zi., Schulstraße 45, Tel./Fax 035771/511 51, Kategorie 2–3*

AUSKUNFT

Fremdenverkehrsbüro
Schloßstraße 3, 02953 Bad Muskau, Tel. 035771/504 92, Fax 699 06

ZIELE IN DER UMGEBUNG

Rhododendronpark Kromlau **(112/C3)**
Nach Kromlau sollten Sie zur Rhododendronblüte fahren, der 150 ha große, ab 1844 entstandene Park zeigt sich dann in großartiger Farbenpracht. Ein Spaziergang auf dem Hauptwanderweg durch den zentralen Parkteil dauert 1,5–2 Std.

Weißwasser **(112/C 3–4)**
Lange Zeit war die Stadt (31 000 Ew.) eine der Glasmetropolen Europas, auch gegenwärtig besitzen die Glasbläser internationales Ansehen. Die *Peil-Kristall Bärenhütte (Neuteichweg 4–10)* ist Sachsens letzte Mundblashütte. Betriebsführungen finden nach Voranmeldung statt *(Tel. 03576/*

26 57 43, Werksverkauf Mo–Fr 10 bis 18 Uhr, Sa 10–13 Uhr). Vom Bahnhof Teichstraße schnauft von Frühjahr bis Herbst die Waldeisenbahn – oftmals mit Dampflokomotiven – nach Kromlau und Bad Muskau. Nach umfangreicher Modernisierung empfehlenswert: *Hotel Kristall, 60 Zi., Karl-Liebknecht-Straße 34, Tel. 03576/ 26 40, Fax 26 41 02, Kategorie 2*

Sorbisches Kulturzentrum Schleife (112/C3)
Über sorbisches Brauchtum wird in dem Vierseitenhof informiert, im Saal und im Innenhof mit Linde und Brunnen finden traditionelle sorbische Feste statt. In der Schauwerkstatt zeigen Trachtenschneiderinnen ihr Können. *Mo, Do 9–14 Uhr, Di, Mi 9–17 Uhr, Fr, Sa, So 9–13 Uhr.* Die Gaststätte *Zur Schlangenkrone (Tel. 035773/ 904 80, Kategorie 3)* bietet sorbische Küche.

BAUTZEN

☛ **Stadtplan in der hinteren Umschlagklappe**

(116/B2) ★ Das »sächsische Nürnberg« wird Bautzen (43 000 Ew.) seiner mittelalterlichen Bauwerke wegen genannt. Die tausendjährige Geschichte der Stadt ist an Straßen, Gassen und Türmen ablesbar. Der denkmalgeschützte Altstadtkern blieb seit dem Dreißigjährigen Krieg weitgehend unverändert. Der Hauptmarkt mit Rathaus, Patrizierhäusern und dem Marktbrunnen mit der Statue des Ritters Dutschmann gehört zu den Musterbeispielen mittelalterlicher Platzanlagen. Bautzen, sorbisch Budyšin, bildet das Zentrum der Sorben in der Oberlausitz. In den Geschäften, im Rathaus oder beim Plausch an den Bushaltestellen ist die sorbische Sprache oft zu hören. Ein Geschichtslehrpfad führt auf einem Inneren und ei-

Die Alte Wasserkunst und die Michaeliskirche in Bautzen

nem Äußeren Weg zu insgesamt 50 Baudenkmalen.

BESICHTIGUNGEN

Alte Wasserkunst
Das technische Denkmal mit Aussichtsplattform wurde das Wahrzeichen von Bautzen. Von 1558 bis in die zwanziger Jahre unseres Jahrhunderts hinein versorgte das berühmte Pumpwerk die Stadt mit Wasser aus der Spree. *April–Okt. tgl. 10–17 Uhr*

Gedenkstätte Bautzen II
Die Bautzener Gefängnisse waren während der NS-Zeit und unter dem SED-Regime berüchtigt. Ulbricht, Honecker & Co. ließen in der Haftanstalt Bautzen II, dem Stasi-Gefängnis, viele politisch Unbequeme inhaftieren. *Mo–Fr 10–16 Uhr, Weigangstr. 8a*

Ortenburg
Das spätgotische Bauwerk aus Sandstein prägt eindrucksvoll das Stadtbild. Es entstand unter dem ungarischen König Matthias Corvinus, der 1469 die Lausitz erwarb. Der Bauherr sitzt in einer Rundbogennische an der Stadtseite des spätgotischen Schloß- oder Matthiasturms.

Petridom
Die einzige Simultankirche im Osten Deutschlands. Seit 1534 nutzen Katholiken den Chorraum und evangelische Christen das Langhaus. Damit sich die Konfessionen nicht ins Gehege kommen, trennt sie eine ein Meter hohe Barriere. *Mai–Okt. Mo bis Sa 10–12, 13–15 Uhr, Juni bis Sept. bis 17 Uhr.* Von Pfingsten bis zum Erntedankfest *Sa 17.15 bis 18 Uhr* Domvesper mit Orgel- und Kammermusik. 214 Stufen führen zur Aussichtsplattform in 52 m Höhe, der Turm kann bei guter Witterung *April bis Okt. Sa 14.40–16 Uhr* bestiegen werden (Eingang Westportal).

Reichenturm
Das 55 m hohe Bauwerk aus dem 15. Jh. zeigt dem Betrachter seine Zuneigung und erinnert damit sehr an den Schiefen Turm von Pisa. Angst vor dem Hochsteigen braucht niemand zu haben, durch Untergrundarbeiten konnte die Neigung bei 144 cm Abweichung gestoppt werden. *April–Okt. 10–17 Uhr*

MUSEEN

Domschatzkammer
Zu den Kostbarkeiten gehört eine spätgotische Monstranz aus Silber und Gold aus dem Jahre 1520. *Mo–Fr 10–12, 13–16 Uhr, An der Petrikirche*

Sorbisches Museum
Geschichte, Kultur und Literatur der Sorben vom 7. Jh. bis zur Gegenwart. *April–Okt. tgl. 10–17 Uhr, Nov.–März nur bis 16 Uhr, Ortenburg 3*

Stadtmuseum
Das Regionalmuseum der Oberlausitz zeigt Ausstellungen zur Ur- und Frühgeschichte sowie zur Stadtgeschichte. Außerdem besitzt es eine Gemäldegalerie. *Mi–So 10–17 Uhr, Kornmarkt 1a*

RESTAURANTS

Zum Karasek
Steigen Sie nach unten in den kleinen »Räuberkeller« mit seinen zwei Tischen (einen für 12

Personen und einen für 5 Personen). Das Schild »Bedienung bitte klingeln!« unbedingt ernst nehmen! *Hintere Reichenstraße 2, Tel. 03591/450 66, Kategorie 2*

Schloß-Schänke

Bautzens älteste Gaststätte mit Kamin-, Ritter- und Zunftstube, Weinkeller und Terrasse. *Burgplatz 5, Tel. 03591/30 49 90, Kategorie 2*

Wjelbik

Sorbische Gastlichkeit im historischen Gewölbe. *Kornstraße 7, Tel. 03591/420 60, Kategorie 2*

EINKAUFEN

Wunderschöne sorbische Trachtenpuppen, verzierte Ostereier und Blaudruck gibt es in der *Sorbischen Kulturinformation (Postplatz 2)*, zeitgenössische Malerei, Aquarelle und Radierungen *Galerie Budissin (An den Fleischbänken 7)*.

ÜBERNACHTUNG

Hotel Goldener Adler

In dem rund 600 Jahre alten Renaissancehaus erwartet den Gast der moderne Komfort unserer Tage. *30 Zi., Hauptmarkt 4, Tel. 03591/486 60, Fax 48 66 20, Kategorie 2*

Hotel Husarenhof

Modern eingerichtet, in ruhiger Stadtrandlage. *27 Zi., Käthe-Kollwitz-Platz 1, Tel. 03591/62 02 05, Fax 62 01 00, Kategorie 2–3*

Spree-Hotel Bautzen

Ein Neubau mit Blick auf die Talsperre Bautzen in ruhiger Lage; behindertengerecht. *81 Zi., An den Steinbrüchen 2, Tel. 03591/213 00, Fax 21 30 10, Kategorie 2*

Jugendherberge

In der Gerberbastei der alten Stadtbefestigung, 51 Betten. *Am Zwinger 1, Tel. 03591/403 47, Fax 403 48, Kategorie 3*

SPIEL UND SPORT

Am Stadtrand erstreckt sich die *Talsperre Bautzen* als Bade-, Segel-, Surf- und Anglerrevier. Auch einen FKK-Strand gibt es, Motorboote sind nicht zugelassen. Die Talsperre hat eine Länge von 2,2 km und eine Breite von 1,5 km.

AM ABEND

Das *Deutsch-Sorbische Volkstheater,* das einzige professionelle zweisprachige Theater Deutschlands *(Seminarstraße 12)*, bietet ein abwechslungsreiches, heiteres wie ernstes Programm. Die *Lausitzer Philharmonie* lädt zur Stunde der Musik, Konzerte finden auch im Dom statt. Ein Erlebnis sind Aufführungen des in Bautzen beheimateten *Sorbischen Nationalensembles.*

AUSKUNFT

Bautzen-Information

Hauptmarkt 1, 02625 Bautzen, Tel. 03591/420 16, Fax 53 43 09

ZIELE IN DER UMGEBUNG

Bergkirche Crostau (116/B3)

Die fast 400 Jahre alte Bergkirche birgt eine Kostbarkeit: Denn die Orgel aus dem Jahr 1732 hat der berühmteste sächsische Orgelbaumeister, Gottfried Silbermann, geschaffen. Konzerte auf dem Instrument sind ein Ohrenschmaus.

Czorneboh **(116/C3)**

Vom Aussichtsturm auf dem 555 m hohen Berg kann man weit ins Land schauen. Der Berggasthof *Czorneboh* hat *tgl. geöffnet, im Winter jedoch Mo, Di geschl., Tel. 035877/4325, Kategorie 3.*

Östlich von Cunewalde weist ein Schild zum Berg, vom Parkplatz müssen etwa 2 km zu Fuß zurückgelegt werden.

Kleinwelka **(116/B2)**

★ Kein Mensch hat je den respekteinflößenden Dinosaurier Diplodocus zu Gesicht bekommen. Er lebte vor 200 Mio. Jahren in Seen und Sümpfen Nordamerikas. Mit weiteren über 100 in Lebensgröße nachgebildeten Reptilien kann er im *Saurierpark Kleinwelka* bestaunt werden. Der größte Dino mißt 30 m Länge. Die Zufahrt ist gut ausgeschildert, ein großer, gebührenpflichtiger Parkplatz vorhanden.

Neben dem Saurierpark der *Irrgarten,* der mehr als 30000 Möglichkeiten bietet, ans Ziel zu kommen. Wer die Mitte erreicht hat, landet in einem Abenteuerlabyrinth. Für jene, die keine Abenteuer mögen, gibt es allerdings auch einen Weg ins Freie ohne Hindernisse. Eilige können im *Miniaturpark Kleinwelka* in Windeseile die bekanntesten Bauwerke der Oberlausitz sehen, alle

Diplodocus und Brachiosaurus im Saurierpark Kleinwelka

in Miniatur. Puppenstubengröße haben die Handwerksstuben, die Uhren der Uhrmacherwerkstatt zeigen die genaue Zeit. Alle drei Einrichtungen: *Mitte März–April und Okt. tgl. 9–17 Uhr, Mai–Sept. bis 18 Uhr*

Neschwitz (116/A1)
Schloß und Park gelten als künstlerisch bedeutsame Leistungen des 18. Jhs. in der Oberlausitz. Im barocken *Jagdschloß* finden Konzerte statt. In einer kleinen Galerie sind Arbeiten bildender Künstler zu sehen *(So 10–12 und 13–17 Uhr)*. Der zum Teil barocke Park ist 5,5 ha groß.

Neukirch (116/A3)
Der Ort mausert sich zu einem Zentrum erlebbarer Handwerkstraditionen. In den Töpfereien *Kannegießer* (gegründet 1824), *Südstr. 10, Lehmann* (gegründet 1834), *Dammweg 26* und *Heinke* (gegründet 1866), *Zittauer Str. 46,* darf man den Meistern zuschauen. Hölzerne Webstühle klappern in der Hand- und Leinenweberei *Rentsch von Kleist, Zittauer Str. 15.* Souvenirs stehen zum Kauf bereit oder können in Auftrag gegeben werden.

Sohland (116/B4)
Mit 23 km² das flächenmäßig größte Dorf der Oberlausitz. »15 Zippeln« nennen die Sohlander die meist durch Waldstücke voneinander getrennten Ortsteile. Der Sohlander Stausee mit 1,5 km Länge und 200 m Breite gehört zu den kleinen in Deutschland. Wahrzeichen von Sohland wurde die gewölbte Himmelsbrücke von 1796, die oberhalb des Stausees über den Dorfbach führt.

Taubenheim (116/C4)
17 Sonnenuhren können in dem Dorf an der Spree an Umgebindehäusern bewundert werden. Sehr häufig sind sie mit anschaulichen historischen Motiven versehen, die nähere Auskunft über die früheren Bewohner der Häuser geben.

Valtenberg (116/A3)
Der Turm auf dem 587 m hohen Valtenberg trägt den Namen von König Johann von Sachsen, der 1865 mit dem Pferd auf den Berg kam. Hochreiten dürfen Sie heute noch, der Pkw muß aber auf den Parkplätzen in Neustadt-Steinigwolmsdorf oder Neukirch abgestellt werden; von dort sind es 45 Min. zu Fuß. Der Turm kann tgl. während der Öffnungszeiten der Gaststätte *Bergbaude* bestiegen werden, *Tel. 035951/315 69, Kategorie 3*

Weißenberg / Museum Alte Pfefferküchlerei (117/D2)
★ Zweieinhalb Jahrhunderte, bis 1937, haben in dem Häuschen am Markt in dem Städtchen Weißenberg die Familien Bräuer und Opitz Pfefferkuchen hergestellt. Nach dem Museumsrundgang kann man im Laden mit der 150 Jahre alten Einrichtung in Holzmodel ausgeformte, weiße Pfefferkuchen kaufen, nach alten Rezepten von den Museumsmitarbeitern gebacken. *Di–Fr 8–12, 13–16 Uhr, Sa, So 13–17 Uhr, jedes 1. Wochenende im Monat geschl., Markt 3*

GÖRLITZ

Stadtplan in der hinteren Umschlagklappe
(117/F2) Die Altstadt gilt als bedeutende Renaissanceanlage nördlich

der Alpen, Görlitz (64 000 Ew.) besitzt aber auch Deutschlands größtes erhaltengebliebenes Gründerzeitviertel (um den Stadtpark). Zu DDR-Zeiten wurden die 1600 unter Denkmalschutz stehenden Bauwerke arg vernachlässigt, gegenwärtig erfolgen umfangreiche Sanierungsarbeiten. Görlitz möchte recht bald wieder zum Kreis der besonders schönen Städte Deutschlands gehören.

Im Ergebnis des Zweiten Weltkrieges kam die am östlichen Neißeufer liegende Oststadt unter dem Namen Zgorzelec zu Polen, 12 000 Deutsche wurden von dort durch die polnischen Behörden ausgesiedelt. Die östlichste Stadt Deutschlands besitzt exakt Mitteleuropäische Zeit, denn durch sie verläuft der 15. Längengrad. Ein Findling im Stadtpark markiert den Verlauf des 15. Meridians. Weithin sichtbar erhebt sich der Görlitzer Hausberg in der Landschaft, die 419 m hohe *Landeskrone.*

BESICHTIGUNGEN

Altstadt

★ Bauten der Gotik, Renaissance und des Barock ergeben ein Bilderbuch deutscher Architekturgeschichte. Der Rundgang sollte am *Kaisertrutz* beginnen, der 1641 zu seinem Namen kam, weil er im Dreißigjährigen Krieg dem Ansturm kaiserlicher Truppen trotzte. Aus dem gegenüberliegenden *Reichenbacher Turm* zog 1904 der letzte Türmer aus. Auch bei schlechtem Wetter, wenn sich keine Sicht bietet, lohnt das Hochsteigen, denn es sind Zeugnisse aus der Stadtgeschichte zu sehen *(Mai–Okt. Di–So 10–17 Uhr). Napoleonhaus* wird der Barockbau *Obermarkt 29* genannt, weil vom Balkon Napoleon I. 1813 eine Parade seiner Truppen abnahm. Das Haus *Brüderstraße 6* von 1526, *Schönhof* genannt, ist Deutschlands ältestes datiertes Renaissancebürgerhaus. Im *Schönhof* wird ein Museum für Schlesische Kunst und Kultur entstehen, da Görlitz von 1815 bis 1945 zu Schlesien gehörte. Die Brüderstraße führt zum *Untermarkt* mit seinen Patrizierhäusern. Die Westseite des Platzes nimmt das aus vier Gebäuden bestehende *Rathaus* ein. Baukünstlerisch wertvoll ist die Freitreppe mit der Verkündigungskanzel und einer Kandelabersäule mit der Justitia. Der Rathausturm besitzt zwei Uhren, Sie sollten aufmerksam das untere Zifferblatt beobachten: Jede Minute klappt die Kinnlade des behelmten Kriegerkopfes herunter. Der in einer Fensternische ruhende Löwe läßt sich leider nur noch auf Bestellung zu einer Stimmprobe bewegen.

Heiliges Grab

Mittelalterliche Nachbildung der heiligen Stätte in Jerusalem mit zweigeschossiger Kreuzkapelle, Salbungshäuschen und Grabkapelle. Im anschließenden Landschaftsgarten entstanden symbolhaft der Bach Kidron, Jüngerwiese und Ölberg. *Führungen Mai–Okt. Mo–Sa 11 und 15 Uhr, So 11.30 und 15 Uhr, Heilige-Grab-Straße/Ecke Friedhofstraße*

Oldtimer-Parkeisenbahn

Eine Nachbildung der ersten Lokomotive in Deutschland aus dem Jahre 1835 zieht auf dem eingleisigen Rundkurs histori-

Verwirrender Glockenschlag

Wenn die Turmuhr der Görlitzer Dreifaltigkeitskirche die volle Stunde schlägt, schauen Touristen auf dem Obermarkt immer wieder erstaunt auf ihre Armbanduhr. Geht sie etwa falsch? Doch Kirchenuhr und die meisten Chronometer stimmen überein: Bis zur vollen Stunde fehlen noch sieben Minuten. Seit Jahrhunderten ist der Stundenschlag der Turmuhr sieben Minuten vor der Zeit zu hören! Gründe dafür hält die Legende viele bereit, so diesen scherzhaften: Die Schüler des einstigen Gymnasiums am Klosterplatz sollten aufgeschreckt werden, um sich für den pünktlichen Unterrichtsbeginn auf die Socken zu machen.

sche Personenwagen. *April–Juni, Sept., Okt. Mo–Do 13–17 Uhr, Sa, So 10–17 Uhr, Juli–Aug. Sa–Do 10 bis 18 Uhr, Park am Weinberg*

Peterskirche

Eine gewaltige spätgotische Hallenkirche. Die Krypta mit Sterngewölbe und Wandmalereien wird als schönster spätgotischer Raum der Oberlausitz bezeichnet. *Im Sommer Mo–Fr 10.30 bis 16 Uhr, Sa, So bis 17 Uhr, im Winter eingeschränkte Öffnungszeiten, Bei der Peterskirche*

Tierpark

Etwa fünfhundert Tiere in mehr als hundert Arten sind hier zu sehen. *April–Sept. 8–18 Uhr, Okt.–März 9 Uhr bis zum Einbruch der Dunkelheit, Zittauer Straße 43*

MUSEEN

Museum für Naturkunde

Gezeigt werden: Stadtlandschaft Görlitz, Tierwelt der Oberlausitz, Savanne und tropischer Regenwald. Im Sommerhalbjahr können Sie das Innenleben eines Bienenvolkes anschauen, ohne Gefahr zu laufen, gestochen zu werden. *Di–Fr 9–17 Uhr, Sa, So 10–18 Uhr, Am Museum 1*

Städtische Kunstsammlungen

Barockhaus Neißstraße 30: Kunst und Kunsthandwerk der Renaissance, des Barock, des Klassizismus, des Biedermeier; außerdem Oberlausitzer Volkskunst des 18. und 19. Jhs.; dokumentiert werden Leben und Werk des Naturphilosophen Jakob Böhme und des Görlitzer Malers und Schriftstellers Johannes Wüsten. *Di–Sa 10–17 Uhr*

Kaisertrutz: Ausstellungen zur Stadtgeschichte; mittelalterliche sakrale Kunst; Gemäldegalerie mit deutscher Malerei vom 18. Jh. bis zur Gegenwart. *Di–So 10 bis 17 Uhr, Demianiplatz 1*

RESTAURANTS/CAFÉS

Am Goldenen Strauß

Hierher gehen die Görlitzer mit ihren Gästen, wenn sie niveauvoll speisen möchten. *Struvestr. 1 (im Sorat-Hotel), Tel. 03581/40 66 19, Kategorie 1*

Café 1900

Hier gibt's Kaffee und Kuchen, aber auch handfestes Essen und einen kostenlosen Blick auf den traditionsreichen Markt obendrein. *Obermarkt 14, Tel. 03581/ 41 36 87, Kategorie 3*

Destille
Gemütliche Altstadtgaststätte mit schlesischen Spezialitäten. *Mo geschl., Nikolaistraße 6, Tel. 03581/40 53 02, Kategorie 2*

Kartoffelhaus No. 1
Kartoffeln als Suppe, vom Grill, aus dem Backofen, aus der Folie und in anderen Variationen. *Steinstr. 10, Tel. 03581/41 27 02, Kategorie 2*

Zum Nachtschmied
Essen vom heißen Stein (Sie können Ihr Steak selbst auf einem heißen Lavastein garen) in einem Restaurant mit historischem Ambiente. *Obermarkt 18, Tel./Fax 03581/40 55 10, Kategorie 2*

Konditorei Peters
Kuchen aus eigener Produktion. *Sa geschl., Steinstraße 12, Tel. 03581/40 33 24*

EINKAUFEN

Die Geschäfte konzentrieren sich in der den Fußgängern vorbehaltenen Berliner Straße, die Strassburg-Passage führt von der Jakobstraße zur Berliner Straße. Auch wenn Sie nichts kaufen möchten, lohnt ein Blick in das Warenhaus, *An der Frauenkirche,* mit zentralem Lichthof und Galerien: Es ist das einzige Großkaufhaus im Osten Deutschlands, das aus der Zeit vor 1914 originalgetreu erhalten blieb.

ÜBERNACHTUNG

Bon Apart
Elf große, gut eingerichtete Apartments (bis zu 6 Pers.) in Citylage. *Elisabethstr. 41, Tel. 03581/480 80, Fax 48 08 11, Kategorie 2*

Burghotel Landeskrone
Fern der Stadt, auf dem Gipfel des Görlitzer Hausberges, der 419 m hohen Landeskrone, gelegen und behindertengerecht ausgebaut. *11 Zi., Fahrstraße 1, Tel. 03581/743 20, Fax 74 32 33, Kategorie 2*

Europa
Hotel garni in idealer Zentrumslage. *17 Zi., Berliner Straße 2, Tel. 03581/40 73 50, Fax 40 73 52, Kategorie 1–2*

Landhotel Gutshof Hedicke
Ein schmuckes Anwesen voller dörflicher Ländlichkeit im Vorort Ludwigsdorf. *14 Zi., Dorfstr. 114–115, 02829 Görlitz-Ludwigsdorf, Tel. 03581/380 00, Fax 38 00 20, Kategorie 2*

Schellergrund
Zwischen Teufelsbrücke und Parkeisenbahn, mit eigener Liegewiese und schönem Wintergartenrestaurant. *15 Zi., Martin-Opitz-Straße 2, Tel./Fax 03581/40 16 87, Kategorie 3*

Sorat Hotel Görlitz
Nicht nur die Außenfassade, sondern auch die Zimmer des modernisierten Hotels wurden sorgfältig im Jugendstil gestaltet; behindertengerecht. *46 Zi., Struvestraße 1 (am Marienplatz), Tel. 03581/40 65 77, Fax 40 65 79, Kategorie 1–2*

Jugendherberge
Die hiesige Jugendherberge residiert herrschaftlich am südlichen Stadtrand in einer Jugendstilvilla mit sehr schönen Außenanlagen. *100 Betten, 2 Familienzimmer, Goethestraße 17, Tel./Fax 03581/40 65 10, Kategorie 3*

AM ABEND

Das *Musiktheater (Demianiplatz 2)* bietet Oper, Operette und Musical; mit Schauspielen gastieren die Theater von Zittau und Bautzen. Besonders begehrt sind Karten zu Konzerten des Philharmonischen Orchesters Görlitz. Einen Orgelzyklus spielen von *Juni bis Sept.* namhafte Solisten aus dem In- und Ausland in Görlitzer Kirchen.

Treff der Jugend sind die beiden Großraumdiskotheken *Zwei Linden (Clara-Zetkin-Straße 2)*, und *Sound Factory (Amtstraße 11, Eingang Fichtestraße)*.

AUSKUNFT

Tourist Information
Obermarkt 29, 02826 Görlitz, Tel. 03581/475 70, Fax 47 57 27

ZIELE IN DER UMGEBEBUNG

Kloster St. Marienthal **(117/F4)**
Die beeindruckende barocke Klosteranlage der Zisterzienserinnen am Neißeufer bei Ostritz, in der noch Ordensschwestern leben, nahm das *Internationale Begegnungszentrum* auf. Zu sehen sind die Ausstellungen »Ora et Labora« (Bete und arbeite) sowie »Nachhaltiges Wirtschaften und Energie«; im *Historischen Sägewerk* finden regelmäßig Demonstrationsvorführungen statt. Die *Klosterschenke* bietet preiswertes Essen, in den beiden *Gästehäusern St. Hedwig und St. Franziskus* stehen einfache, aber dennoch gut eingerichtete 90 Zimmer mit Dusche, WC und Telefon bereit. *Marienthal 1, 02899 Ostritz, Tel. 035823/88 60, Fax 886 55, Kategorie 3*

Zisterzienserkloster St. Marienthal – eine großzügig gebaute barocke Anlage

Königshainer Berge (117/E2)
Eine eindrucksvolle Landschaft rund 10 km nordwestlich der Stadt Görlitz. Vom Aussichtsturm auf dem *Hochstein* (406 m) blicken Sie bis ins Zittauer Gebirge. Vielleicht begegnen Ihnen mit etwas Glück einige der hierhergebrachten Mufflons.

Reichenbach (117/E2)
Im Haus der *Adler-Apotheke, Markt/Ecke Görlitzer Straße,* hielt sich 1812 und 1813 Napoleon I. auf, im Haus gegenüber (Sparkasse) übernachtete vom 11. zum 12. August 1809 der Dichter Theodor Körner auf seiner Reise ins Riesengebirge. Empfehlenswert am Rand der Stadt (4600 Ew.): das Ringhotel *Reichenbacher Hof, 54 Zi.* Das Restaurant mit Oberlausitzer Gerichten und Weinen vom sächsischen Elbtalanbaugebiet, *Oberreichenbach 8 a, Tel. 035828/750, Fax 75235, Kategorie 2–3*

Schlesisch-Oberlausitzer Dorfmuseum Markersdorf (117/E2)
Ein Vierseitenhof aus dem ausgehenden 18. Jh. gibt Einblick in die bäuerliche Arbeits- und Lebensweise vergangener Zeit. *Mai bis Okt. Do, Fr 13–17 Uhr, Sa, So 10 bis 17 Uhr, Nov.–April Do, Fr jeweils bis 16 Uhr, Markersdorf (an der B 6)*

Talsperre Quitzdorf (117/D–E1)
Seinen Namen bekam der seit 1972 bestehende Stausee vom überfluteten Dörfchen Quitzdorf. An warmen Sommerwochenenden finden sich Tausende zum Baden, Surfen, Segeln ein, Angler bevorzugen ruhigere Jahreszeiten. Wer den Stausee umwandern möchte, muß 18 km zurücklegen.

Zentendorf (113/F6)
Kunstgalerie, Skulpturenpark und eine große Spiellandschaft mit Piratenschiff, Brücken und Tunneln haben Holzkünstler an der Neiße zwischen Görlitz und Rothenburg geschaffen. *Kulturinsel Einsiedel* nennen sich die Spiellandschaft und der Skulpturenpark, die tgl. geöffnet haben, das Café tgl. von März bis Okt. Über Veranstaltungen wird unter der Tel.-Nr. *035891/49 10* informiert.

HOYERSWERDA

(112/A4) Das unscheinbare Ackerbürgerstädtchen (57 000 Ew.) Hoyerswerda wurde in den sechziger und siebziger Jahren zur Wohnstadt der Berg- und Energiearbeiter des Kohleveredlungskombinats Schwarze Pumpe. Einen starken Kontrast zu den Neubausiedlungen mit parkähnlichen Anlagen bildet die Altstadt mit Renaissancerathaus, spätgotischer Johannis- und barokker Kreuzkirche. Mittelalterliches Fluidum hat sich die Lange Straße erhalten, die man vom Markt aus in wenigen Minuten erreicht. Auch um Hoyerswerda sind die Narben des Braunkohleabbaus nicht zu übersehen, der aber auch positive Seiten hat. Ohne die Braunkohle wäre Hoyerswerda nie zum Silber- und Knappensee gekommen, die aus Tagebauen entstanden. In den nächsten Jahrzehnten werden weitere Seen die Landschaft bereichern.

BESICHTIGUNGEN

Schloß
Ein Abschiedsgeschenk von Sachsens König August dem Starken

an seine Mätresse von Teschen, die das heute kulturell genutzte Bauwerk 1727 umbauen ließ.

Trachtenausstellung
Seit 1926 besteht die Trachtenschneiderei Jatzwauk, die in vierter Generation die Urenkelin führt. Aus dem reichen Fundus sind die schönsten Stücke zu sehen. Mit rund 60 Varianten präsentiert sich die Hoyerswerdaer sorbische Tracht als die an Vielfalt reichste der Lausitz. *Mo–Do 9–13, 14–18 Uhr, Fr 9–16 Uhr, Sa 9–12 Uhr, Senftenberger Straße 19*

MUSEUM

Stadtmuseum
Im Renaissanceschloß wird regionale Geschichte präsentiert und über die Kultur- und Lebensweise der Oberlausitzer Sorben informiert. *Di–Fr 10–12, 13–18 Uhr (im Winter bis 16 Uhr), Sa, So 10–12, 13–17 Uhr, Schloßplatz 1*

RESTAURANTS/HOTELS

Achat Hotel
Wer gewohnt ist, mit offenem Fenster zu schlafen, sollte wegen des Straßenlärms ein Zimmer zur Rückseite verlangen. Im Restaurant gutbürgerliche Küche. *79 Zi., Bautzener Allee 1a, Tel. 03571/ 47 00, Fax 47 09 99, Kategorie 3*

Hotel Zur Mühle
Neubau mit sehr guter Ausstattung in zentraler Lage zwischen Markt und Schloß, die Küche verwendet vornehmlich marktfrische Produkte der Lausitz. *20 Zi., An der Mühle 4, Tel. 03571/ 47 70, Fax 47 72 00, Kategorie 2*

AM ABEND

Kneipenmusik live, tolle Filme, Themenabend – in der *KulturFabrik* *(Braugasse 1–2)* ist fast jeden Abend etwas los. Die *Lausitzhalle* hat ein vielseitiges Kulturprogramm. Mit der Semperoper in Dresden und dem Gewandhaus in Leipzig gehört der Festsaal zu den Räumen mit der besten Akustik in Sachsen. Zu Konzerten wird auch in das Schloß und in die Johanniskirche geladen.

AUSKUNFT

Tourist- und Stadtinformation
Schlossergasse 1, 02977 Hoyerswerda, Tel. 03571/45 69 20, Fax 45 69 25

ZIELE IN DER UMGEBUNG

Aussichtspunkt Tagebau Nochten (112/C4)
Braunkohletagebaue sind mit der Landschaft des Mondes vergleichbar. Ein solches Bild bietet sich vom Aussichtspunkt Ost des Tagebaues Nochten östlich von Hoyerswerda. Er ist über die B 156 erreichbar; jedes Jahr wandert dieser Aussichtspunkt je nach Abbau zweimal um etwa 300 m.

Biosphärenreservat Oberlausitzer Heide- und Teichlandschaft (112–113/B–D 5–6)
Das 26,4 km^2 große Reservat bildet mit 315 Teichen, Dünen, Mooren, Auwäldern und Heiden ein einzigartiges Landschaftsmosaik. In ihm wachsen über 60 Pflanzen- und leben mehr als 50 Tierarten, die auf der Roten Liste Deutschlands stehen, also vom Aussterben bedroht sind. Im Reservat, das sich südöstlich

von Hoyerswerda hinzieht, besteht die größte Fischotterkolonie Deutschlands.

Dubringer Moor **(111/F5)**
Aus flachen, verlandenden Gewässern entstand das letzte ausgedehnte Moorgebiet der Oberlausitz. Sumpfporst und mehrere Orchideenarten wachsen hier, Sumpfschildkröten und Fischotter fühlen sich in dem Feuchtgebiet ebenso wohl wie Kranich, Schwarzstorch und Milan. Durch das Moor südwestlich von Hoyerswerda zieht sich ein 4,5 km langer Lehrpfad, 26 Tafeln geben Erläuterungen.

Knappensee **(112/A5)**
Im Mai 1945 geschah ein Malheur: Der Braunkohletagebau Werminghoff wurde unkontrolliert geflutet und bescherte der seenarmen Region den Knappensee. Das 264 ha große Gewässer ist bei Seglern, Surfern und Anglern beliebt, im Sommer tummeln sich Jung und Alt im sauberen Wasser. Naturfreunde können die Graureiherkolonie in dem kleinen Dorf Koblenz beobachten. Mit ihren über 400 Brutpaaren gehört die Kolonie zu den besonders großen in Deutschland. Zur Einkehr lädt die rustikale Gaststätte *Knappenhütte ein. Mi geschl., Tel. 03571/781 95, Kategorie 3*

Lausitzer Bergbaumuseum Knappenrode **(112/A5)**
1993 endete nach 75 Jahren die Produktion von Braunkohlebriketts in Knappenrode. Ein Teil der alten Industrieanlagen blieb jedoch stehen und bildet den Kern des *Lausitzer Bergbaumuseums.* Auf einer Fläche von etwa 2500 m² ist der Bergbau von gestern, heute und morgen erlebbar *(Mo–Fr 9–15 Uhr, Sa, So 10–17 Uhr)* Vom Museum fährt die Lausitzer Grubenbahn auf einer 20 km langen Strecke durch die Heide-, Teich- und Moorlandschaft bis Auerhahn an der B 97. *April–Okt. Sa, So, Feiertage*

Silbersee **(112/B5)**
Wer sich nach Badespaß, Wassersport, Angeln und Naturerlebnissen sehnt, ist hier genau richtig. Der Stausee entstand nach 1971 planmäßig aus einem Braunkohletagebau. 87 bei Baggerarbeiten gefundene Findlinge sind in Litschen zu einem etwa 1 km langen geologischen Lehrpfad aufgereiht worden, der größte von ihnen hat ein Gewicht von etwa 40 t.

KAMENZ

(116/F1) Als Geburtsstadt von Gotthold Ephraim Lessing ist das kleine Kamenz (17 000 Ew.) in die Literaturgeschichte eingegangen. Wegen seiner vielen schönen Parks und Gärten wird Kamenz aber auch die »grüne Stadt der Oberlausitz« genannt. Gern besuchen die Einheimischen mit ihren Gästen den *Hutberg* (300 m) am westlichen Stadtrand, vor allem in den Frühlingsmonaten Mai und Juni, wenn Hunderte von Rhododendronbüschen und Azaleen blühen. Der 18 m hohe *Lessingturm* ermöglicht einen weiten Blick.

BESICHTIGUNGEN

Kirchen
Die Kirchen von Kamenz schmücken sich mit mittelalterli-

chen Kunstwerken, die in dieser Anzahl und Qualität in nur wenigen anderen sächsischen Städten zu finden sind. Stadtbestimmend ist die *Hauptkirche St. Marien* mit einer kostbaren Ausstattung, zu der der spätgotische Marienaltar und die Grabsteine von Lessings Eltern im Vorraum gehören. Ältestes Bauwerk von Kamenz ist die *Katechismuskirche* mit einer volkskünstlerischen Ausstattung aus dem 18. Jh. Die Kirche entstand im 14. Jh. als Wehrbau und ist in die Stadtbefestigung eingefügt. Zum nicht mehr vorhandenen Annenkloster zählte die spätgotische *Franziskaner-Klosterkirche,* in der sich fünf Altäre (1510) befinden. Die gotische *Justkirche* außerhalb des Stadtkerns zieren Wandmalereien aus der Zeit um 1380, die zu den bedeutenden Bildwerken jener Zeit in der Lausitz zählen.

Malzhaus und Pichschuppen

Im alten *Malzhaus,* in dem bis in unser Jahrhundert Gerste gedörrt wurde, sollten Sie vorbeischauen: Im geräumigen Eingangsbereich finden Ausstellungen statt, er wird aber auch als *Kleinkunstbühne* genutzt. Daneben steht der um 1600 erbaute *Basteiturm,* der letzte von einst zwölf Verteidigungstürmen. Seinen volkstümlichen Namen Pichschuppen bekam der Turm um 1827, als in dem alten Gemäuer Brauer ihre Bierfässer auspichten. *Zwingerstraße*

Marktplatz

Im Stil eines italienischen Palastes entstand 1847/48 das Rathaus. Den Andreasbrunnen von 1570 aus Sandstein ziert das Standbild der Justitia. An den spätklassizistischen Fleischbänken mit gewölbtem Laubengang hinter dem Rathaus boten die Fleischer bis Anfang des 20. Jhs. ihre Waren an.

Roter Turm

Ein Rest der alten Stadtbefestigung (15. Jh.). 117 Stufen müssen erklommen werden, um die schöne Aussicht genießen zu können. *Mai–Sept. Sa, So 14–16 Uhr, Pulsnitzer Straße*

MUSEEN

Lessing-Museum

Anschauliches und Dokumentarisches über Gotthold Ephraim Lessing. Das Denkmal vor dem Museum zeigt szenische Darstellungen aus Dramen des Dichters. *Di–Fr 9–16 Uhr, Sa, So 13–16 Uhr, Lessingplatz 3*

Museum der Westlausitz

Landschaftsmuseum der westlichen Oberlausitz, in einem spätbarocken Bürgerhaus von 1745. *Di–Fr 10–17 Uhr, Sa, So 13–17 Uhr, Pulsnitzer Straße 16*

RESTAURANTS

Zum Echten

Gemütlich, Speisen aus verschiedenen Regionen Deutschlands. *Bautzner Straße 51, Tel. 03578/30 46 43, Kategorie 3*

Lessingstuben

Wer gut und edel speisen möchte, läßt sich hier Plätze reservieren. *Rosa-Luxemburg-Straße 9–11, Tel. 03578/30 42 11, Kategorie 1*

HOTELS

Goldener Hirsch

Direkt am Marktplatz, die großzügige Ausstattung und die

Das Barockschloß Rammenau beherbergt eine Fichte-Gedenkstätte

zentrale Lage müssen bezahlt werden: teuerstes Hotel in der Oberlausitz. *22 Zi., Markt 10, Tel. 03578/30 12 21, Fax 30 44 97, Kategorie 1*

Zur Westlausitz
Angenehmes Haus, etwa 20 Min. zu Fuß bis zum Marktplatz. *35 Zi., Nebelschützer Straße 11, Tel. 03578/30 13 13, Fax 53 01, Kategorie 2*

AM ABEND

Eine ganz besondere Atmosphäre haben die Kulturveranstaltungen in der 10 000 Plätze bietenden *Freilichtbühne* am Hutberg. Im Sommer finden zahlreiche Konzerte im Hof des *Museums Westlausitz* statt, außerdem Orgelkonzerte in der *St.-Marien-Kirche.*

AUSKUNFT

Kamenz-Information
Kirchstraße 1, 01917 Kamenz, Tel./Fax 03578/30 43 00

ZIELE IN DER UMGEBUNG

Barockschloß Rammenau (115/F2)
In einigen der sehenswerten barocken und klassizistischen Schloßräume können Gemälde, Glas und Meißner Porzellan bewundert werden. Gewürdigt wird der 1762 in Rammenau geborene Philosoph Johann Gottlieb Fichte. *Tgl. 13–16.30 Uhr, Mi, Do, So auch 10–11.30 Uhr.* Im Park steht seit 1862 ein Denkmal für den großen Denker. Die *Schloßgaststätte* wartet mit einer guten Küche auf. *Tel. 03594/70 30 65, Kategorie 1*

Bischofswerda (115/F3)
Das klassizistische Rathaus von 1818, der alte Stadtturm Fronfeste und die klassizistische Christuskirche bilden die Sehenswürdigkeiten von Bischofswerda (14 300 Ew.), dem westlichen Tor zur Oberlausitz. Beliebtes Wanderziel von der Stadt aus ist der *Butterberg* (384 m) mit Aussichtsturm und Berggaststätte *(Mi,*

Do geschl., Tel. 03594/703034, Kategorie 3). Zahlreiche Informationstafeln am 30 km langen heimatkundlichen Wanderweg »Rund um Bischofswerda« (mit einem gelben Balken markiert) vermitteln Wissenswertes.

Kloster St. Marienstern (115/F1–2)
Eins der wenigen Klöster, das seit seiner Gründung im Mittelalter der ursprünglichen Bestimmung dient. Die meisten Gebäude des im Jahre 1248 gegründeten Zisterzienserinnenklosters in Panschwitz-Kuckau entstanden Ende des 17. Jhs. im Barockstil. Für jedermann zu besichtigen sind die *Klosterkirche* und der Innenhof mit drei Betsäulen. In der ehemaligen *Klostergärtnerei,* die zum Umwelt- und Lehrgarten umgestaltet wurde, ist die Agrarhistorische Ausstellung zu sehen *(April–Okt. tgl. 10–17 Uhr).* Rustikale Atmosphäre bietet der *Klosterkeller* in der Abtei. *Tel. 035796/96530, Kategorie 3*

Königswartha (112/A6)
Kunstfreunde legen in dem kleinen Ort gern einen Halt ein, denn die sechs Sandsteinfiguren an der Hauptfront des klassizistischen *Schlosses* stammen aus der Werkstatt des berühmten Balthasar Permoser, des Mitschöpfers des Zwingers in Dresden. Der Park mit einem Teich bekam sein Aussehen im englischen Landschaftsstil um 1800. Schloß (keine Innenbesichtigung möglich) und Park verstecken sich hinter einer Mauer an der B 96.

Pulsnitz (115/E2)
Über das traditionsreiche Blaudruck-, Pfefferkuchen- und Töpferhandwerk informiert das Stadtmuseum *(Di, Mi 9–15 Uhr, Do 9–17 Uhr, Fr 9–12 Uhr, 1. und 3. So im Monat 14–16 Uhr, Goethestraße 24).* Vor dem Rathaus bekam das Denkmal für Ernst Rietschel seinen Platz, geschaffen von einem Schüler des bekannten Bildhauers. Von dem 1804 in Pulsnitz (6700 Ew.) geborenen Rietschel stammen solche bedeutenden Künstlerdenkmale wie das Luther-Denkmal in Worms, das Goethe-Schiller-Denkmal in Weimar und das Lessing-Denkmal in Braunschweig. Wer ein typisches Lausitz-Souvenir aus erster Hand kaufen möchte: Die älteste historische Blaudruckwerkstatt der Lausitz liegt in der *Bachstraße 7.* Köstliche Pfefferkuchen bieten mehrere Meister an, ebenso gibt es das alte Töpferhandwerk.

Schwedenstein (115/E2)
Ausgangspunkt für die Wanderung auf den Schwedenstein (418 m) mit seinem Aussichtsturm bildet das langgestreckte Dorf Steina. Köstlichen, hausgebackenen Kuchen und vor allem Wildgerichte bietet das *Bergrestaurant* an. *Mo, Di geschl., Tel. 035955/40561, Kategorie 2*

Wallfahrtskirche Rosenthal (116/A1)
An Wallfahrtstagen ziehen mehrmals im Jahr Tausende zu der weithin sichtbaren Kirche mit der verehrten, 30 cm hohen Statue »Unserer Lieben Frau von der Linde«. Am 1. Mai 1945 brannte die Kirche aus – die Statue wurde gerettet, die Kirche wenig später wieder aufgebaut. Mit 42 m Länge und 19 m Breite gehört sie zu den großen Dorfkirchen der Lausitz. Rechts ne-

ben dem Gotteshaus der von einer kleinen Kapelle umbaute Marienquell, dessen Wasser heilende Wirkung haben soll.

Weißiger Fischteiche **(111/F5–6)**
Das beliebte Anglerrevier der Weißig-Biehlaer Fischteiche nördlich von Kamenz ist durch Wanderwege erschlossen. Gefangen werden Karpfen, Schleie, Hecht und Zander. Das alljährliche Abfischen im Herbst gestaltet sich zu einem Volksfest. Den Rekord halten bisher ein 32 kg schwerer Karpfen und ein Wels mit einer Länge von 150 cm und einem Gewicht von 54 kg. Ein weiteres Teichgebiet erstreckt sich östlich von Kamenz bei Deutschbaselitz.

LÖBAU

(117/D3) Daß die Stadt (16 400 Ew.) heute touristisch »mitmischen« kann, hat sie dem Bäckermeister Friedrich August Bretschneider zu danken, der 1854 den gußeisernen *Turm* auf dem Löbauer Berg stiftete. Das Meisterwerk des Eisenkunstgusses wurde zu einer touristischen Sehenswürdigkeit. Musikfreunde werden bei Löbau an die Förster-Pianos denken, auf denen seit rund anderthalb Jahrhunderten in vielen Konzertsälen der Welt gespielt wird. Historisch Interessierte finden im *Museum* den Originalpokal des Lausitzer Sechsstädtebundes. Löbau war 1346 Gründungsort dieses Bündnisses und konnte den Pokal in die Gegenwart hinüberretten. Die Stadt kann sich als einzige in der Lausitz mit drei Postmeilensäulen schmücken. Ein herausragendes Beispiel moderner Architektur ist die von Hans Scharoun in Stahlskelettbauweise mit viel Glas erbaute *Villa Schminke* in der *Kirschallee 1;* sie gilt als östlichster Zeuge des Bauhauseinflusses.

BESICHTIGUNGEN

Altmarkt
Die Hopfenblüte und die angrenzenden Giebelhäuser blieben vom Stadtbrand 1710 verschont und verkörpern die ursprüngliche Bebauung der Stadt. Zu den wertvollen Details am *Rathaus* gehören das Hauptportal mit Wappen, der gotische Turm mit barockem Zifferblatt, die Sonnenuhr und die Mondphasenkugel sowie die bemalte Holzbalkendecke im hinteren Foyer.

König-Friedrich-August-Turm
★ Ein Prachtstück der deutschen Eisengießerkunst. Der 28 m hohe Turm auf dem Löbauer Berg wurde 1854 in nur fünf Monaten errichtet. Die rund 1000 Einzelteile ergeben ein Gewicht von etwa 70 000 kg. Nach 120 Stufen erreicht man die letzte der drei Aussichtsplattformen. Die Mühe des Aufstiegs wird mit einem weiten Rundblick belohnt. *Mai–Sept. Mo–Fr 9–20 Uhr, Sa, So bis 22 Uhr, Okt.–April Mo–Fr 10–18 Uhr, Sa, So bis 20 Uhr, Löbauer Berg*

MUSEUM

Oberlausitzer Sechsstädtebund- und Handwerksmuseum
Das wertvollste Exponat in der Ausstellung: der Originalpokal des mittelalterlichen Sechsstädtebundes. *Di–Fr 10–17 Uhr, Sa, So 14–17 Uhr, Johannisstraße 5*

RESTAURANTS/CAFÉ

Hopfenblüte
Rustikale, gemütliche Atmosphäre, gutbürgerliche Küche. *Altmarkt 11, Tel. 03585/40 45 72, Kategorie 2*

Kleines Café am Boulevard
Eis, Kuchen und Pizza aus eigener Herstellung. *Nikolaiplatz 6, Tel. 03585/40 46 90*

Turmgaststätte
1 Std. zu Fuß vom Marktplatz bis zum Löbauer Turm und dann 120 Stufen nach oben – nach diesen Anstrengungen munden Bier oder Brause und die Lausitzer Gerichte. *Löbauer Berg, Tel. 03585/83 25 90, Kategorie 3*

HOTELS

Kaiserhof
Gut geführtes und ruhig gelegenes Hotel garni. *22 Zi., Breitscheidstraße 2, Tel. 03585/86 22 30, Fax 86 22 33, Kategorie 2*

Hotel Stadt Löbau
Modernisiertes Hotel, ruhig wohnen Sie in den Zimmern zur Rückseite. *35 Zi., Elisenstraße 1, Tel. 03585/86 18 30, Fax 86 20 86, Kategorie 2*

AUSKUNFT

Löbau-Information
Altmarkt 1, 02708 Löbau, Tel. 03585/45 04 50, Fax 45 04 52

ZIELE IN DER UMGEBUNG

Beckenberg **(117/D4)**
Die geographische Lage hat dem Berg (409 m) seinen Namen verliehen: Er erhebt sich inmitten des Eibauer Talbeckens. Die Beckenbergbaude entstand 1904/05, gleichzeitig wurde der baumlose Berg in Form eines Naturparks bepflanzt. Das Heimat- und Humboldtmuseum auf dem Berg hat *April–Nov. Mo–Fr 9–12, 13–17 Uhr, Sa, So 13–17.30 Uhr geöffnet.*

Dorfkirche Cunewalde **(116/C3)**
Über 2632 Sitzplätze verfügt die 1780 bis 1793 erbaute barocke Kirche. Das dürfte der größte Kirchensaal zumindest der Oberlausitz sein.

Ebersbach **(116/C4)**
Die Stadt (11 400 Ew.) besitzt mit der *Alten Mangel* das älteste Umgebindehaus der Oberlausitz *(Georgswalder Str. 1)*. Es wurde 1770 erbaut. Das *Heimatmuseum* in der Humboldtbaude auf dem Schlechteberg (486 m), der 1998 einen 22 m hohen Aussichtsturm bekam, gibt Einblick in die Tierwelt des Gebirges. Zu sehen ist außerdem auch eine Handweberstube *(Mi, Do 10–18 Uhr, Fr 10–15 Uhr, Sa, So 14–18 Uhr).*

Das *Motodrom (Bergstr. 6)* hat eine 170 m lange Rennstrecke mit Boxengasse und elektronischer Zeitmessung, Helme, Overalls und Handschuhe werden kostenlos ausgeliehen. *Di bis Do 14–21 Uhr, Fr, Sa 14–22 Uhr, So 11–22 Uhr*

Herrnhut **(117/D–E 4)**
Der ab 1722 als böhmisch-mährische Exulantensiedlung entstandene Ort wurde zum Ausgangspunkt der weltweiten Herrnhuter Brüder-Unität. Jährlich werden hier die Herrnhuter Losungen als ältestes evangelisches Andachtsbuch für die Christen in

aller Welt herausgegeben. Im *Völkerkundemuseum* wird gezeigt, was die Herrnhuter Missionare in ihre Heimatgemeinde schickten *(Di–Fr 9–17 Uhr, Sa, So 9–12, 13.30–17 Uhr, Goethestraße 1)*. Gehen Sie auch zum Friedhof, der mit seinen über 6000 einheitlich flachliegenden, schlichten Grabsteinen eine Besonderheit darstellt. Neben der barocken Kirche, von der Unität Gemeinhaus genannt, befindet sich das *Heimatmuseum. Di–Sa 10–12, 14 bis 17 Uhr, So, Feiertage 10.30–12, 14–16 Uhr, Comeniusstraße 6*

Kottmar (117/D4)

Auf dem 583 m hohen Berg steht seit 1881 ein Aussichtsturm. Im Wald in Richtung Walddorf sprudelt die eingefaßte Quelle der Spree, weitere Spreequellen gibt es in Ebersbach und Neugersdorf. Der Kottmar ist nur zu Fuß erreichbar, vom Parkplatz Bierweg in Walddorf sind es bis zum Aussichtsturm etwa 30 Min.

Kottmarsdorfer Bockwindmühle (117/D4)

Im Jahre 1857 konnten vom Kirchturm des 5 km entfernten Neugersdorf über zwei Dutzend Windmühlen gezählt werden, deshalb sprach man von einer »Windmühlenlandschaft«. Übrig blieb als technisches Denkmal die 1843 erbaute Bockwindmühle in Kottmarsdorf, deren Flügel eine Spannweite von 17 m haben. *April–Juni, Sept., Okt. Di, Do–Sa 14–16 Uhr, Mi, So 10–12, 14–16 Uhr, Juli, Aug. Mi–So 10–12, 14–17 Uhr*

Neusalza-Spremberg (116/C4)

Die hölzerne Reiterfigur am Giebel gab dem Umgebindehaus aus dem 17. Jh. in der Zittauer Straße 37 seinen Namen *Reiterhaus.* Zu sehen sind in dem kleinen Museum eine Weberstube und Schusterwerkstatt *(April bis Juni, Sept., Okt. Di–Fr 9–11, 14 bis 16 Uhr, Sa, So 14–16 Uhr, Juli, Aug. auch Sa, So 9–11 Uhr)*. Das *Waldbad* bietet mit Großwasserrutsche und Strömungskanal viel Badespaß.

Obercunnersdorf (117/D4)

Nirgendwo gibt es mehr Umgebindehäuser als in Obercunnersdorf. Die meisten sind schieferverkleidet. Das gesamte langgestreckte Dorf steht ihretwegen unter Denkmalschutz.

Oberoderwitz (117/D4)

Drei Bockwindmühlen auf fast einem Fleck lassen die Herzen von Mühlenfreunden schneller schlagen. Die Berndmühle ist seit 1787 nachweisbar, die Birkmühle wurde 1813 vom 11 km östlich liegenden Burkersdorf hierher versetzt, die Neumannmühle stand bis 1867 in Ullersdorf in Böhmen. Neuerdings kann in Oberoderwitz sommers wie winters gerodelt werden: Mit 40 km/h sausen die Doppelsitzerschlitten auf der 587 m langen *Sommerrodelbahn* am Spitzberg zu Tal. *Tgl. 10–18 Uhr*

Rotstein (117/D-E 3)

Das älteste Naturschutzgebiet der Lausitz. Drei Gipfel prägen das Bergmassiv: der Rotstein (455 m), der Hengstberg (421 m) und der Georgenberg (396 m). Lohnenswert als Zwischenstation ist das ruhig gelegene *Berghotel Rotstein* (südlich der B 6). *18 Zi., 02708 Dolgowitz, Tel./Fax 035828/707 77, Kategorie 3*

Landschaft im Dreiländereck

Mit der dampfenden Schmalspurbahn zum Oybin, dem Küken, der Orgel und zu den Mühlsteinbrüchen

Im äußersten Winkel Deutschlands, der mit Polen und der Tschechischen Republik ein Dreiländereck bildet, liegt die alte Handelsstadt Zittau. Wo einst die Stadtbefestigung stand, zieht sich der Grüne Ring entlang, dessen Parkbänke pflastermüden Beinen immer wieder Erholung bieten. Wer sich in die Nähe der Blumenuhr setzt, kann zu jeder vollen Stunde Volksmelodien lauschen, die vom Meißner Glockenspiel erklingen. Zittau gab dem südlich liegenden, keine 50 km² umfassenden Gebirge seinen Namen, in das seit mehr als 100 Jahren dampflokgezogene Schmalspurzüge fahren. Die Felsen des Gebirges tragen ihrer skurrilen Formen wegen oft eigenartige Namen.

Durch das Zittauer Gebirge schlängeln sich 300 km markierte Wanderwege, 74 Kletterfelsen warten darauf, sportlich bezwungen zu werden.

Hochzeitskirche wird die kleine Bergkirche von Oybin genannt, die aus dem 18. Jh. stammt und eine Besonderheit in der Lausitz darstellt

GROSSSCHÖNAU

(**117/D5**) Ein landschaftlich sehr schön gelegener Ort (6200 Ew.) am Fuße des Zittauer Gebirges. Prächtige Umgebindehäuser, vor allem beiderseits der Mandau, bestimmen mit Eichen, Linden und Eschen das Bild von Großschönau. Die wohlhabenden Hausbesitzer wetteiferten einst um den prächtigsten Türstock, den sie von Steinmetzen aus Sandstein schlagen ließen. In den Umgebindehäusern ratterten vor zwei Jahrhunderten etwa 800 Damasthandwebstühle. In keinem anderem Ort Deutschlands wurde im 18. Jh. so viel und so lange das nach der Stadt Damaskus benannte und noch aus mittelalterlichen Zeiten stammende Bildgewebe hergestellt.

Das künstlerisch bedeutende Altarbild »Auferstehung« in der barocken Dorfkirche hat der 1734 in Großschönau geborene Johann Eleazar Zeissig gemalt. Der unter dem Namen Schenau malende Künstler war Professor an der Dresdner Kunstakademie und leitete die Zeichenschule der berühmten Meißner Porzellanmanufaktur.

MUSEEN

Deutsches Damast- und Frottiermuseum
In einer Schauwerkstatt wird vorgeführt, wie Damast und Frottiergewebe entstand. 27 Textilmaschinen geben anschaulich Einblick in die Entwicklung der Oberlausitzer Weberei. Einer von den vermutlich noch drei funktionstüchtigen Damasthandwebstühlen auf der Welt steht in diesem Museum. *Nov.–April Di–Fr 10–12, 13–16 Uhr, Mai bis Okt. Di–So 10–12, 14–17 Uhr, Schenaustraße 3*

Motorrad-Veteranen- und-Technik-Museum
Hier können Sie sich über die technische Entwicklung vom Laufrad zum modernen Motorrad informieren. Die Dampfmaschine im Erdgeschoß stammt aus dem Jahr 1903. *April–Okt. Di bis Fr 10–12, 13–15, Sa, So 10–12, 13–17 Uhr, David-Goldberg-Straße 27*

RESTAURANTS

Am Heimatmuseum
Klein und gemütlich. *Di geschl., Schenaustraße 2, Tel. 035841/ 353 88, Kategorie 3*

Café Heinrich
Hier gibt es preiswertes Essen und jede Menge leckere Eissorten aus eigener Produktion. *Hauptstraße 42, Tel. 035841/ 370 34, Kategorie 3*

ÜBERNACHTUNG

Zur Deutschen Eiche
In zentraler Ortslage. *11 Zi., Waltersdorfer Str. 67, Tel./Fax 035841/ 355 51, Kategorie 3*

Zum Großschinner Eck
Gemütliche, ruhig gelegene Pension mit geschmackvoll eingerichteten Zimmern, Gaststätte mit guter Oberlausitzer Küche, *9 Zi., Gartenstraße 1, Tel./Fax 035841/354 79, Kategorie 3*

SPIEL UND SPORT

Trixi-Park Zittauer Gebirge
Großer Ferien- und Freizeitpark. Zu der im Dezember 1998 eröffneten, 15 ha großen Anlage gehören das mit 22 000 m^2 Wasserfläche größte Waldstrandbad im Osten Deutschlands, ein Campingplatz sowie ein lichtdurchflutetes Freizeitbad mit tropischem Flair, Whirlpool, Strömungskanal, Solarien und Außenbecken. Vorhanden sind ferner Saunalandschaft, Tennis-, Badminton- und Volleyballplätze, Gondelteich, Minimarkt, Restaurant. Im Sommer 1999 öffnet noch eine Ferienhaussiedlung. *Tel. 035841/63 10, Fax 63 18*

AUSKUNFT

Fremdenverkehrsamt
Hauptstraße 54, 02779 Großschönau, Tel. 035841/310 36, Fax 25 53

ZIELE IN DER UMGEBUNG

Hainewalde (117/D5)
Die stattliche Kirche (1705–07) in dem Dorf im Mandautal gehört zu den auffallend schönen Barockbauwerken der Oberlausitz. Beeindruckend ist auch die Kanitz-Kyausche-Gruftkapelle auf dem Friedhof, ein besonders reichgeschmücktes, barockes Kunstwerk. Speisen der regionalen Küche gibt es im Gasthof *Oberkretscham, Tel. 035841/370 73, Kategorie 3.*

MARCO POLO TIPS FÜR ZITTAU UND DAS ZITTAUER GEBIRGE

1 **Bimmelbahn**
Seit 1890 dampfen Schmalspurzüge zwischen Zittau, Kurort Oybin und Kurort Jonsdorf (Seite 82)

2 **Jonsdorfer Felsenstadt**
»Orgel«, »Hennigsäule«, »Löwe«, »Bernhardiner« heißen die Felsen in dem Naturschutzgebiet (Seite 83)

3 **Burg- und Klosteranlage Berg Oybin**
Naturgebundenes Kunstdenkmal mit Klosterkirchenruine und Camera obscura (Seite 83)

4 **Abends in Oybin**
Bergführungen, Mönchszüge und Abendmusik bei Kerzenschein (Seite 85)

Seifhennersdorf **(117/D5)**
Fünf über 400 m hohe Berge umgeben das an der Grenze zur Tschechischen Republik liegende, ländlich geprägte Städtchen (6000 Ew.) mit Umgebindehäusern aus dem 17. und 18. Jh. Über die reichen Polierschiefervorkommen in der Umgebung und den berüchtigten Räuberhauptmann Karasek erzählt das *Karasekmuseum (Di–Fr 9–12, 13 bis 16.30 Uhr, So 13–16.30 Uhr, Nordstraße 21a).* Das *Wald- und Erlebnisbad Silberteich (Volksbadstraße)* bietet 71-m-Rutsche und vieles mehr.

Schmackhafte Oberlausitzer Küche steht im *Ratskeller* auf der Speisekarte. *Rathausplatz 1, Tel. 03586/40 48 90, Kategorie 3*

Waltersdorf **(117/D6)**
230 Umgebindehäuser stehen in dem Dorf unter Denkmalschutz, auch die stillgelegte Wassermühle von 1614, in der der Mahlraum sowie die Mühlenbrotbäckerei erhalten blieben. In dem heutigen *Volkskunde- und Mühlenmuseum* sind ferner Bauern- und Weberstube zu sehen *(Di–So 9 bis 12, 13.30–16.30 Uhr, Dorfstraße 89).* Waltersdorf, der schneesicherste Wintersportort des Zittauer Gebirges, kann die schönsten Türstöcke der Region vorweisen. Von der *Lausche* (793 m), dem höchsten Berg der Oberlausitz, und von der *Sängerhöhe* (497 m) hat man einen herrlichen Ausblick.

KURORT JONSDORF

(117/D6) Zu jeder Jahreszeit ein beliebter Ferienort (1800 Ew.). Wenn die Sonne brennt, bieten die dichten Wälder Schatten, im Herbst sprießen die Pilze aus dem Boden, und im Winter wandert es sich angenehm zu Fuß oder auf Langlaufskiern durch die verschneite Landschaft. Das stille Jonsdorf, das 1934 die amtliche Bezeichnung Kurort bekam, besitzt mehrere Umgebindehäuser, eine aus Sandstein errichtete Kirche von 1731 und einen Kurpark, der sein schönstes Gesicht während der Rhododendronblüte zeigt. Von der

Der Berggasthof auf dem Oybin

Straße Peters Hübel sind es keine 5 Min. bis zum ✲ *Hieronymusstein,* der einen spannenden Blick auf den Ort gestattet.

BESICHTIGUNGEN

Bimmelbahn

★ Seit 1890 dampfen Schmalspurzüge zwischen Zittau und den Kurorten Oybin und Jonsdorf. Auf dem Endbahnhof fast in der Ortsmitte kann man die Dampflokomotiven und Personenwagen inspizieren und sich von ihrer Geschichte erzählen lassen. Den Fahrplan brauchen Sie nicht – mit Bimmeln signalisieren die Oldtimerzüge ihre Ankunft.

Oberlausitzer Handweberstube

In einem Umgebindehaus werden die Flachsaufbereitung und das Handspinnen vorgeführt, ferner wird die Bauweise eines Umgebindehauses erläutert. *Di 9–12, 14–17 Uhr, Große Seite 4*

RESTAURANTS

Gondelfahrt

Von der Veranda geht der Blick auf den Gondelteich und die Nonnenfelsen; Gartenlokal, Ruderbootverleih, *So 14–17 Uhr Tanztee. Großschönauer Straße 38, Tel. 035844/73 60, Kategorie 3*

Oberlausitzer Bierstube

Im Hotel Kurhaus. Rustikales Ambiente, heimisches Eibauer Schwarzbier und Oberlausitzer Küche. *Geöffnet ab 17 Uhr, Auf der Heide 9, Tel. 035844/702 52, Kategorie 3*

ÜBERNACHTUNG

Hotel Kurhaus Jonsdorf

Zentral gelegenes, freundliches Haus; behindertengerecht. *23 Zi., Auf der Heide 9, Tel. 035844/71 10, Fax 711 99, Kategorie 3*

Jugendherberge

✲ In Ortsmitte, 5 Min. vom Bahnhof entfernt. Achtung: Wegen des Parkettfußbodens müssen unbedingt Hausschuhe mitgebracht werden. *71 Betten, Hainstraße 14, Tel. 035844/721 30, Fax 721 31, Kategorie 3*

SPIEL UND SPORT

Das neue *Freizeit- und Eissportzentrum* bietet Spiel, Spaß und Fitneß, im Sommer Tennis, Badminton, Rollschuhlauf, im Winter Eissport. Eine besondere Attraktion bildet ganzjährig die 14 m hohe und 12 m breite Kletterwand, an der unter Anleitung geübt werden kann, bevor es zu den Felsen des Zittauer Gebirges geht *(Zittauer Straße).* Das solar beheizte *Gebirgsbad* mit einer

35 m langen Wasserrutsche befindet sich in der *Hainstraße*, im *Kurpark* gibt es Freilandschach und Minigolf und im *Hotel Kurhaus* eine Bundeskegelbahn.

AM ABEND

Theateraufführungen, Konzerte und Folkloreveranstaltungen im Sommer in der *Waldbühne*. Bei klarem Himmel lädt die Sternwarte zu Beobachtungen *(An der Sternwarte 2)* ein.

Im *Freizeit- und Eissportzentrum* im Sommer Sa Disko, im Winter Sa Licht & Eis-Party-Time.

AUSKUNFT

Tourist-Information
Auf der Heide 11, 02796 Kurort Jonsdorf, Tel. 035844/706 16, Fax 700 64

ZIEL IN DER UMGEBUNG

Jonsdorfer Felsenstadt (117/D6)
★ »Orgel«, »Hennigsäule«, »Löwe« und »Bernhardiner« heißen einige der Felsen in dem wild-romantischen Naturschutzgebiet südlich von Kurort Jonsdorf. Von 1560 bis 1922 wurden hier Mühlsteine für viele europäische Länder gebrochen. Durch die Felsenstadt führt ein Naturlehrpfad mit über 70 Nummernschildchen, die auf Sehens- und Wissenswertes hinweisen. Die Nummern nutzen aber nur jenen etwas, die die in der Jonsdorfer Tourist-Information erhältliche Informationsbroschüre bei sich haben.

KURORT OYBIN

(117/E6) Bekannt wurde Oybin, seit 1994 mit dem 2 km entfernten Luftkurort Lückendorf zu einer Gemeinde (1700 Ew.) vereint, durch den gleichnamigen Berg, der in der Form einem Bienenkorb ähnelt. Nach 1577 verfielen Burg und Kirche auf dem Oybin, ihre dekorativen Ruinen auf dem Sandsteinfelsen zogen während der Romantik zahlreiche Maler an. Carl Gustav Carus malte den »Friedhof auf dem Oybin« und Caspar David Friedrich die »Kirchenruine Oybin«. Bereits im wilhelminischen Deutschland war Oybin das touristische Zentrum des Zittauer Gebirges.

Ruhig und beschaulich zwischen Feldern, Wiesen und Wald liegt der Ortsteil Lückendorf. Von vielen Stellen bieten sich hier herrliche Blicke bis ins Riesengebirge. Die erste Erkundung kann man auf dem 8 km langen Rundwanderweg machen. Hübsch anzuschauen sind die Umgebindehäuser und im unteren Dorf die kleine Barockkirche von 1690.

BESICHTIGUNGEN

Bergkirche
Ein Kleinod unter den Kirchen der Lausitz. Hochzeitskirche nennt der Volksmund das barocke Kirchlein aus dem 18. Jh., weil in ihm besonders viele Hochzeiten stattfinden. Emporen und Decke sind mit reichen Malereien versehen. *Mai–Sept. 9–16 Uhr*

Burg- und Klosteranlage Berg Oybin
★ Ein imponierendes naturgebundenes Kunstdenkmal, das aus Burg, Kaiserhaus und Klosterkirche besteht. Die Klosterkirchenruine wird wegen ihrer hervorragenden Akustik als Konzertstätte genutzt. Das bereits

1879 gegründete Bergmuseum informiert über die Geschichte der Burg und die des Klosters. Romantisch liegt der Bergfriedhof zwischen den Felsen, die ältesten Grabsteine stammen aus dem 16. Jh. Besuchen Sie unbedingt bei schönem Wetter die abseits stehende Camera obscura, die die nähere Umgebung in *lebenden* Bildern widerspiegelt. *Mai–Okt. Fr ab 13 Uhr, Sa, So, Feiertage ab 10 Uhr, Juli, Aug. tgl. ab 10 Uhr jeweils bis Sonnenuntergang.* Der herrliche Rundblick vom Berg über Kurort Oybin zum Hochwald und dem Pferde- und Ameisenberg dürfte jeden begeistern *(Sept.–April 9–16 Uhr, Mai–Aug. bis 18 Uhr).* Angenehm sitzt es sich im *Berggasthof (Tel. 035844/702 71, Kategorie 2).* Wer hier essen und trinken möchte, muß aber zunächst den Eintritt für die Burg- und Klosteranlage bezahlen.

Märchenspiele

Eine für Kinder und Erwachsene beeindruckende Schau von handgeschnitzten, mechanisch-beweglichen Holzfiguren. Am »Waldfest der Tiere« wurde 15 Jahre lang geschnitzt. *Mai, Juni, Sept. Sa–Do 9.30–17.30 Uhr, Juli, Aug. Sa–Do 9–17.30 Uhr, Hauptstraße 2 (am Bahnhof)*

MUSEUM

Schmalspurbahnmuseum

Exponate zur Geschichte der Schmalspurstrecke Zittau – Oybin/Jonsdorf im ehemaligen Güterboden des Bahnhofs. *Mai–Okt. Di–Fr 13–16 Uhr, Sa, So 10–12, 13 bis 16 Uhr, Nov.–April Sa, So 13 bis 15 Uhr, Zugang über Weg zum Hausgrund*

RESTAURANTS/CAFÉS

Burgkeller

Die Bratkartoffeln, zubereitet mit Ei und Kümmel, schmecken köstlich. *Do geschl., Hauptstraße 26, Tel. 035844/702 87, Kategorie 3*

Hoffmanns Kaffeestube

Nicht nur Kaffee und Kuchen, auch der Mittagstisch lohnt einen Besuch. *Di, Mi geschl., Zur Bürgerallee 7 (hinter dem Parkplatz nahe des Bahnhofs), Tel. 035844/703 54, Kategorie 3*

Café Meier

Die Spezialität: hausgebackener, warmer Apfelstrudel mit Vanillesoße. *Do geschl., Hauptstr. 1, Tel. 035844/71 40*

Kleine Burg

Eine ebenso ungewöhnlich wie attraktive Atmosphäre im ältesten, teilweise in den Fels gehauenen Gebäude des Ortes. *Di geschl., Hauptstraße 8, Tel. 035844/704 40, Kategorie 3*

HOTELS

Country Line Schloßhotel Althörnitz

Harmonisch wurden das schöne Renaissanceschloß von 1654 und ein moderner Gebäudeteil miteinander verbunden. *78 Zi., Zittauer Str. 9, 02763 Bertsdorf-Hörnitz, Tel. 03583/55 00, Fax 55 02 00, Kategorie 2*

Haus Hubertus

Angenehm ruhig gelegenes Hotel im Wald, ein wenig abseits vom Ortszentrum; Sauna; Kegelbahn. *60 Zi., Hubertusweg 10, Tel. 035844/703 20, Fax 703 71, Kategorie 2–3*

AM ABEND

★ »Sagenumwobene Bergführungen« mit anschließendem Phonokonzert in der Klosterkirchenruine von *Mai–Sept.* Die »Traditionellen Mönchszüge« stehen von *Mitte Mai–Sept.* auf dem Programm. »Abendmusik bei Kerzenschein« gibt es in der Bergkirche *Mitte Mai–Aug. Sa 19 Uhr*

AUSKUNFT

Touristeninformation
Hauptstr. 15, 02797 Kurort Oybin, Tel. 035844/733 11, Fax 733 23

ZIELE IN DER UMGEBUNG

Hochwald **(117/E6)**
Direkt an der Grenze zur Tschechischen Republik liegt der 749 m hohe Hochwald. Vom 25 m hohen Aussichtsturm bietet sich bei guter Sicht ein phantastischer Blick. Oberlausitzer und böhmische Gerichte stehen vor allem in der Gaststätte *Hochwaldbaude* auf der Karte. *Mo geschl., Tel. 035844/702 22, Kategorie 3*

Töpfer **(117/E6)**
500 m² großes Plateau nordwestlich von Kurort Oybin. Auf dem Gipfel kann das Felsentor bestiegen werden. Wenn Sie auf dessen Aussichtsplattform stehen, befinden Sie sich exakt 580,4 m über dem Meeresspiegel. Nach dem Aufstieg können Sie sich in der *Töpferbaude* stärken *(Tel. 035844/723 31, Kategorie 3).*

Die Natur hat die Sandsteine eigenartig geformt, die deshalb Namen wie »Brütende Henne«, »Schildkröte«, »Küken« und »Taube« bekamen.

ZITTAU

☛ **Stadtplan in der hinteren Umschlagklappe**

(117/E5) Die Stadt (30 000 Ew.) ist Anziehungs- und Ausgangspunkt für Reisen in das Zittauer Gebirge. Anziehungspunkt deshalb, weil es eine Fülle kostbarer Bauten aus Gotik, Renaissance, Barock und Klassizismus gibt. Zittau war im 17. Jh. nach Leipzig die reichste Stadt in Sachsen. Alle architektonischen Sehenswürdigkeiten sind auf engem Raum konzentriert; um sie zu besichtigen, sollte man sich Zeit nehmen. Denn viele Details verdienen Beachtung: Erker, Giebel, Türstöcke und zahlreiche Brunnen, von denen der filigrane Grüne Born aus dem Jahr 1679 vor dem Stadtmuseum wohl der schönste ist. Anschauen sollte man auch die Blumenuhr, die seit 1907 an der Fleischerbastei ihren Platz hat. 4800 Pflanzen bestücken sie im Sommer. Von April bis Oktober 1999 richten Zittau und Olbersdorf die 2. Sächsische Landesgartenschau aus, die unter dem Motto »Landschaft nach dem Bergbau« steht. Ein ehemaliger Braunkohletagebau wird zu einem Badesee mit Sport- und Freizeitanlagen umgestaltet.

BESICHTIGUNGEN

Der seit 1914 bestehende *Zittauer Kulturlehrpfad* führt zu insgesamt 51 historischen Sehenswürdigkeiten, die alle innerhalb des Zentrums liegen. Den Plan des Kulturpfades erhalten Sie kostenlos in der Zittau-Information. Wem die Zeit für die Fülle der Sehenswürdigkeiten fehlt, der sollte zumindest die zwei folgenden Sehenswürdigkeiten besichtigen:

Johanniskirche

Bedeutender klassizistischer Sakralbau, der nach Plänen des preußischen Baumeisters Karl Friedrich Schinkel entstand. Von dem 1757 abgebrannten gotischen Vorgängerbau blieb der Nordturm stehen. Vom Südturm – in dem 266 Stufen nach oben geklettert werden müssen – haben Sie einen weiten Blick *(Mai–Okt. Mo–Sa 10–16 Uhr)*.

Der Kirchturm bietet aber noch etwas Besonderes: Einmal im Monat findet dort eine »Talk im Turm«-Veranstaltung statt. In luftiger Höhe werden in der Turmstube Prominente aus Kultur, Sport, Wirtschaft und Politik begrüßt.

Markt

Den Entwurf für das Rathaus, das den Markt mit dem dahinterliegenden Rathausplatz verbindet, lieferte Karl Friedrich Schinkel, der sich an italienischen Renaissance-Palazzi orientierte. Jeden Mittwoch um 15 Uhr wird eine Stunde durch das Rathaus geführt, Treffpunkt ist die Tourist-Information. Der Rolandsbrunnen, nach der Marsfigur auf der Renaissancesäule auch Marsbrunnen genannt, stammt aus dem Jahr 1585. Die Nordseite des Platzes ziert das barocke Haus (Nr. 4) von 1689. An der Südseite verdienen das Haus (Nr. 9) von 1720 und die im Rokokostil erbaute Fürstenherberge (Nr. 13) von 1767 Beachtung – der Name rührt daher, weil hier Fürsten, Könige und Kaiser logierten, darunter Sachsen Kurfürst Friedrich August III. und Frankreichs Kaiser Napoleon Bonaparte.

Der Markt in Zittau mit dem Rolandsbrunnen aus dem 16. Jh.

MUSEUM

Stadtmuseum
Im ehemaligen Franziskanerkloster wird über die Kunst- und Kulturgeschichte der südöstlichen Oberlausitz informiert; das Museum besitzt umfangreiche Glas- und Zinnsammlungen. *Di, Do 10–12, 13–16 Uhr, Mi–18 Uhr, Fr 10–13 Uhr, Sa 14–16 Uhr, So 10–12, 14–17 Uhr, Klosterstraße 3*

RESTAURANTS/CAFÉ

Klosterstübl
In historischem Ambiente wird regionale Küche serviert, beispielsweise Quarkkollchl mit Äppelpoabs (Quarkkeulchen mit Apfelmus) und Teichelmanke (Kartoffelmus mit Brühe und Kochfleisch). *Johannisstraße 4, Tel. 03583/51 25 76, Kategorie 3*

Liebig's Bierkeller
Im gotischen Kellergewölbe gibt es Radeberger Pils und Lausitzer Dunkel vom Faß. *Markt 11, Tel. 03583/70 69 41, Kategorie 3*

Zum Schwaben
Schwäbische Küche mit Maultaschen und Schupfnudeln sowie Oberlausitzer Gerichte. *Innere Weberstraße 11, Tel. 03583/ 51 04 46, Kategorie 3*

EINKAUFEN

Die Galerie *Oberlausitzer Kunstlade (Lindenstr. 15)* bietet Arbeiten von Oberlausitzer Künstlern an (Bilder, Plastiken, Töpferwaren). Wochenmarkt *Mi* und *Sa.* Keramik, Blaudrucke gibt es bei *Kunstgewerbe-Heffer (Johannisstraße 3)*, Antiquitäten in der *Inneren Weberstraße 23* und in der *Olbersdorfer Str. 21* die *Schauhandweberei Hoffmann.* Ausrüstungen zum Klettern, Wander- und Regenschutzbekleidung sowie Wanderschuhe findet man in der *Sporthütte (Bahnhofstraße 6).*

ÜBERNACHTUNG

Bergschlößchen
Pension in ruhiger Lage und sogar mit einem kleinen Pool. *7 Zi., Kummersberg 8, Tel./Fax 03583/51 07 17, Kategorie 3*

Hotel Dreiländereck
Zittaus jüngstes Hotel mit 44 stilvoll eingerichteten Zimmern liegt im Stadtzentrum. *Bautzner Straße 9, Tel. 03583/55 00, Fax 55 52 22, Kategorie 2*

Dresdener Hof
Modernisiertes Haus mit einer Parkanlage am Stadtrand. *37 Zi., behindertengerecht, Äußere Oybiner Str. 9, Tel. 03583/573 00, Fax 57 30 50, Kategorie 3*

Schwarzer Bär
Am Rande der Altstadt, gute Küche. *18 Zi., Ottokarplatz 12, Tel. 03583/55 10, Fax 55 11 11, Kategorie 3*

AM ABEND

Das *Gerhart-Hauptmann-Theater* liegt am *Theaterring 12.* Im Sommer werden Theateraufführungen im *Klosterhof* gezeigt. Disko jeden Do im Mensa-Keller, *Hochwaldstr. 12.*

AUSKUNFT

Tourist-Information
Markt 1 (Rathaus), 02763 Zittau, Tel. 03583/75 21 37, Fax 75 21 61

Sorbisches Erbe und kleine Bahnen

Die hier beschriebenen Routen sind in der Übersichtskarte vorn und im Atlas ab Seite 106 grün markiert

① IM NIEDERLAUSITZER SORBENLAND UNTERWEGS

Etwa 60000 Sorben leben in der Lausitz, 20000 davon in der zum Land Brandenburg gehörenden Niederlausitz. Bereits im 10. und 11. Jh. hatten die Sorben ihre politische Unabhängigkeit verloren, erst in der DDR erfolgte ihre Anerkennung als nationale Minderheit. Die Tagestour zu Stätten sorbischer Traditionen in der Niederlausitz hat etwa eine Länge von 130 km.

Mehr als 60 Orte in der Niederlausitz gehören zum zweisprachigen Gebiet, einer davon ist *Cottbus* (S. 43), das auf sorbisch Chosebuz heißt. Sorbisch ist offizielle Amtssprache, deshalb sind alle Straßennamen zweisprachig angebracht. Die Tour beginnt in der Mühlenstraße, sorbisch Mlynska droga, in der sich das *Wendische Museum (Serbski muzej)* befindet. Die Ausstellung gibt Einblicke in die bäuerliche und städtische Lebensweise der Sorben, die sich in der Niederlausitz auch als Wenden bezeichnen (S. 17).

Cottbus wird in nordwestlicher Richtung verlassen, *Heinersbrück (Most)* ist das Ziel, wo im Haus Hauptstr. 2 a eine Sorbische Bauernstube eingerichtet wurde. Eine nette Geste ist es, beim Eintritt auf niedersorbisch zu grüßen: *Witaj* (Hallo)! Von den vielen Gegenständen aus dem alltäglichen Leben der Vergangenheit gefällt besonders die Bauerntruhe von 1857.

5 km sind es von Heinersbrück in den Nachbarort *Horno,* der keine Sehenswürdigkeiten hat, aber dennoch Touristenziel wurde, denn das Dorf wird es nur noch bis zum Jahr 2003 geben. Dann werden Braunkohlebagger die Häuser der Sorben, die sich seit 1977 hartnäckig, letztlich aber vergeblich gegen die Umsiedlung sträuben, niederwalzen.

Über *Peitz* (S. 48) erreichen Sie *Dissen (Desno).* Die ehemalige Schule von 1899 neben der Dorfkirche nahm das Heimatmuseum auf, in dem die sorbische Bauernküche in Omas Zeiten versetzt. Einen Blickfang bilden aber auch die niedersorbischen Trachten, die heutzutage nur noch von älteren Menschen getragen werden. Das Museum informiert auch über den Pfarrer und Sprachforscher Gotthold Schwela (Bogumil Šwelja), dessen Büste gegenüber der Kirche Platz fand.

Schwela ist es zu verdanken, daß bei der Restaurierung der Dissener Kirche 1936/37 die sorbischen Sprüche nicht wie vorgesehen übertüncht, sondern erneuert wurden (S. 17, 47). Ebenfalls lohnenswert ist ein Blick in die Dorfkirche des 4 km entfernten *Briesen (Brjazyna).* Die Ausmalung zeigt volkstümliche Szenen, darunter einen sorbischen Dudelsackspieler von 1486. In *Werben (Wjerbno),* im Hotel Zum Stern neben der backsteinernen Dorfkirche, wurde nach dem Verbot durch die Nationalsozialisten (1937) im September 1946 die Domowina (S. 13) für die Niederlausitz wiedergegründet, der Dachverband aller sorbischen Vereinigungen.

Zum traditionellen Siedlungsgebiet der Sorben gehört der Spreewald mit seinem Fließgewässernetz. In *Burg (Borkowy)* zog die Heimatstube in ein Haus am Spreehafen (S. 33), das einen historisch nachgestalteten Hof mit Ziehbrunnen bekam. Im 8 km entfernten *Vetschau (Wetosow)* stehen auf dem Kirchplatz zwei aneinandergebaute Kirchen, die wendische Landkirche und die deutsche Stadtkirche. Die wurde 1690 bis 1694 »wegen Vermehrung der deutschen Bürger und Einwohner« an die Nordseite des wendischen Gotteshauses angebaut, in dem bis Anfang des 20. Jh. sorbisch gepredigt wurde (S. 36).

Das schönste Museum hält das berühmte Spreewalddorf *Lehde (Ledy)* bereit, das Sie von *Lübbenau* (S. 36) auf einer einstündigen Kahnfahrt erreichen. Zu sehen sind hier die älteste erhaltene Kahnbauerei Lehdes von 1884 und drei komplette altwendische Bauernhöfe. In der Stube des sogenannten Haufenhofes dominiert das große Familienbett, in dem bis zu sechs Familienmitglieder schliefen. Schmunzelnd wird der Erzählung gelauscht, daß Jungverheiratete nach der Hochzeit vier Wochen im Heu auf dem Boden kuscheln durften. Nach den Flitterwochen mußten auch sie zurück ins Familienbett.

Auf der Autobahn geht es bis zur Anschlußstelle Cottbus-West und von dort zum *Wendischen Haus (Serbski dom)* in der Cottbuser August-Bebel-Straße 82. Hier bietet die Sorbische Kulturinformation »Lodka« Bücher, Musikkassetten, Videos und vieles andere an. Wer noch Zeit hat, läßt die Tour im Wendischen Café (Serbska kafejownja) ausklingen und verabschiedet sich auf niedersorbisch mit: *Na zasejwizenje* (Auf Wiedersehen)!

② SCHMALSPURBAHN-ROMANTIK IN DER OBERLAUSITZ

Dampflokomotiven und Kleinbahnen haben Renaissance! Sie sind vielfach nicht mehr das Mittel, sondern der Zweck einer Reise. In der Oberlausitz ziehen fünf Kleinbahnen jährlich Tausende aus nah und fern an. Wer auf allen Strecken in einem Zug mitfahren möchte (Hin- und Rückfahrt), muß mindestens eine Übernachtung einplanen. Länge der Tour: ca. 170 km, die Bahnstrecken nicht mitgerechnet.

In *Weißwasser* (S. 59) beginnt die nach Kromlau und Bad Muskau führende *Waldeisenbahn Muskau.* Am Bahnhof in der Teichstraße sind zahlreiche historische

Fahrzeuge zu sehen. Wer *Kromlau* (S. 59) mit seinem wunderschönen Rhododendron- und Azaleenpark ausgewählt hat, rattert etwa 20 Min. durch eine für die Oberlausitz typische Landschaft mit von Wasser gefüllten Tagebaurestlöchern. Sein schönstes Gesicht zeigt der Kromlauer Park zur Rhododendronblüte. Prachtvoll anzuschauen sind auch die Tulpenbäume (Magnolien), die Höhen bis etwa 30 m erreichen. Während des Zweiten Weltkriegs und danach verkam die Anlage, zahlreiche Putten gingen verloren, große Flächen wurden abgeholzt und in Ackerland umgewandelt. Pflege- und Rekonstruktionsarbeiten liefen in den sechziger Jahren langsam an, heute zeigt sich der Park wieder in alter Schönheit.

Die zuckelnde Fahrt durch Wiesen und Wälder nach *Bad Muskau* (S. 57) dauert genau 45 Min. Berühmt wurde das Städtchen durch seinen Park, der Deutschlands schönstes Naturkleinod im englischen Landschaftsstil sein soll. Hermann Fürst von Pückler-Muskau (S. 14) hat das Kunstwerk ab 1815 als eine »zusammengezogene idealisierte Natur« geschaffen. 1896 dampfte zum ersten Mal eine Kleinbahnlokomotive durch diese Region, 1939 besaß das Unternehmen elf Dampfloks, von denen eine heute noch in Betrieb ist. Nach dem Zweiten Weltkrieg erwies sich die Bahn mit einer Spurweite von 600 mm erneut als wichtiges Verkehrsmittel – Kohle, Ton, Torf und Holz beförderte sie bis zur Stillegung 1978. Fast alle Dampflokomotiven verkaufte die DDR an Museumsbahnen im Westen Deutschlands, um Devisen zu erhalten. 1992 begannen Eisenbahnfreunde die Strecke wieder aufzubauen, zunächst auf 4 km langen Schienen nach Kromlau. Drei Jahre später rollten erstmals wieder Züge auf 7 km langen Gleisen nach Bad Muskau.

Von Weißwasser geht es mit dem Auto am Silber- und Knappensee vorbei nach *Knappenrode* (S. 71), das sind etwa 50 km durch die vom Braunkohletagebau in den vergangenen Jahrzehnten veränderte Landschaft. Die *Lausitzer Grubenbahn* ist das Ziel, die vom Bergbaumuseum Knappenrode in 90 Min. bis zum 20 km entfernten Auerhahn an der B 97 rattert. Von 1934 bis 1992 transportierte die Bahn Rohbraunkohle zu den Brikettfabriken Knappenrode, Zeißholz und Laubusch. Als die ihre Werkstore schlossen, setzten sich Eisenbahnfreaks für den Erhalt der Gleise ein. Und so rollt die Grubenbahn weiter für interessierte Touristen, die aus den offenen Wagen heraus Tagebaunachfolgelandschaften und die sich anschließende, nahezu unberührte Elsterniederung bei Wittichenau kennenlernen. Wer nicht bis zur Endhaltestelle fährt, sondern am Haltepunkt *Zeißholz* aussteigt, muß nach etwa 1000 m bis zum Dorfmuseum in einem kleinen sorbischen Bauerngehöft laufen.

Auf der B 96 geht es nach *Bautzen* (S. 60) und von dort auf der B 6 weiter nach *Löbau* (S. 75) zu *Werners Gartenbahn (Lauchaer Weg 1)*. 1976 erwarb die Familie Werner eine Dampflokomotive, die 1924 bei der Firma Krauss & Co. in München gebaut worden war. Mehr als fünf Jahrzehnte dampfte sie in einem sächsischen Steinbruch. Auf dem 200 m langen Rundkurs rollen heute in Werners Garten auf 600 mm schmalen Gleisen neben der Dampflokomotive noch drei Dieselloks und zahlreiche Wagen verschiedener Bauarten und Baujahre.

Ebenfalls seit 1976 fährt in *Görlitz* (S. 65) die *Oldtimer-Parkeisenbahn.* Die Gleise kamen seinerzeit aus Bad Muskau von der dort abgebauten Waldeisenbahn. Die Lok ist ein fast maßstabsgerechter Nachbau der legendären »Adler«, die 1835 als erste deutsche Eisenbahn von Nürnberg nach Fürth rumpelte. Auf dem 665 m langen Rundkurs auf Gleisen mit einer Spurweite von ebenfalls 600 mm zieht sie im Park am Weinberg sechs originalgetreu nachgebaute historische Wagen. Einen Unterschied zum Original aus dem 19. Jh. gibt es allerdings: Die Lok wird nicht mit Kohle befeuert, statt dessen übernimmt ein 45 PS starker Dieselmotor den Antrieb. Abgefahren wird an dem einzigen Bahnhof, den Fahrbetrieb führen 40 bis 50 deutsche und polnische Schüler durch. An einer nachgebildeten kursächsischen Postmeilensäule, wie sie Kurfürst August der Starke seinerzeit überall aufstellen ließ, erinnern Inschriften an die ersten Dampfeisenbahnstrecken: Liverpool–Manchester, Nürnberg–Fürth, Leipzig–Dresden, Stockton–Darlington.

Von Görlitz sind es auf der B 99 35 km bis *Zittau* (S. 85). Hier erleben alle Kleinbahnfreaks den Höhepunkt dieser nostalgischen Tour. In Zittau startet die *Bimmelbahn,* wie der Volksmund die Schmalspurbahn im Süden der Oberlausitz liebevoll nennt. Die Bahn mit der Spurweite von 750 mm schnauft jeden Tag auf der 16,1 km langen Strecke durch das ehemalige Braunkohle-Abbaugebiet Olbersdorf und strebt danach pfeifend und bimmelnd dem Nordhang des Zittauer Gebirges zu. Als am 25. November 1890 zum ersten Mal ein solcher Zug durch die Landschaft dampfte, verloren am gleichen Tag die Postkutscher ihren Job. Die an den Waggons angebrachte Abkürzung Z. O. J. E. übersetzten böse Zungen damals mit »Zug ohne jede Eile«, in Wahrheit standen die vier Buchstaben für »Zittau-Oybin-Jonsdorfer-Eisenbahngesellschaft«. Die rasante Höchstgeschwindigkeit beträgt immer noch 25 km/h. Im Kursbuch der Deutschen Bahn steht die Strecke unter der Nr. 238 verzeichnet.

Nach 8,9 km, hinter dem Bahnhof Bertsdorf, teilt sich die Strecke: in südöstlicher Richtung geht es nach Kurort Oybin, in südwestlicher nach Kurort Jonsdorf. Die ersten Sommergäste kamen Mitte des 19. Jhs. nach *Oybin* (S. 83), das sich zur Perle der Oberlausitz mauserte, als die Anreise durch die Kleinbahn mühelos wurde. Im Schmalspurbahnmuseum im ehemaligen Güterboden wurden liebevoll Exponate aus der über hundertjährigen Geschichte der Kleinbahn zusammengetragen. Wer von Bertsdorf nach *Jonsdorf* (S. 81) weitergefahren ist, lernt ebenfalls einen reizenden Ort mit schönen Umgebindehäusern kennen. Von Zittau dauern die Fahrten nach Kurort Oybin und nach Kurort Jonsdorf jeweils gut eine Dreiviertelstunde.

Große und kleine Entdeckungen

Zu Störchen im Spreewald und Umgebindehäusern im Lausitzer Bergland

SPREEWALD-WASSERTOUREN

Fährleute stehen in allen Spreewaldorten bereit, ihre Gäste mit dem Kahn zu den schönsten Stellen in dem landschaftlichen Kleinod zu staken. Es gibt Standardtouren, wie die folgenden, nach vorheriger Absprache sind aber auch unzählige individuelle Routen möglich. Besonders erlebnisreich ist es, sich ein Paddelboot zu leihen und selbst auf Entdeckungsreise zu gehen. Wie auf den Straßen, kann man sich an den Kanälen an Hinweistafeln orientieren, die Orte und Fließe sind ausgeschildert. Wer gemächlich paddelt, legt in der Stunde etwa 3 km zurück, wird flott gepaddelt, sind 6 km zu schaffen.

1. Tour: Von Lübbenau nach Lehde, zur Wotschofska und zurück (4,5 Std.)

(**107/D–E 5**) Das Dorf Lehde und die *Gaststätte Wotschofska* sind das Ziel jener, die sich mit einer kurzen Tour in den Nordwestzipfel des Oberspreewaldes begnügen. Von der *Hauptspree* wird in die *Lehdsche Grobla* (Graben) eingebogen und durch den Lübbenauer Stadtteil Kaupen gefahren, eine dörfliche Wassersiedlung. Bald tauchen die ersten Häuser von *Lehde* auf. »Man kann nichts Lieblicheres sehen als dieses Lehde, das aus ebenso vielen Inseln besteht, als es Häuser hat«, schreibt Theodor Fontane in seinen berühmten »Wanderungen durch die Mark Brandenburg«. Daran hat sich bis heute nichts verändert, auch an Fontanes folgender Feststellung nicht: »Die Spree bildet die große Dorfstraße, darin schmalere Gassen von links und rechts her einmünden.« In Lehde laden zahlreiche Gaststätten zum Verweilen ein, Anlegestellen für Kähne und Paddelboote sind stets vorhanden. Vor dem *Freilandmuseum* werden meist Crinitzer Keramiken oder andere Arbeiten regionaler Künstler angeboten. Auf der Lehdschen Grobla stakt oder paddelt man weiter zur Gaststätte Wotschofska, vorbei an Wiesen mit den für den Spreewald typischen runden Heuschobern. Im Oberspreewald sind lediglich vier Prozent der Fläche bewaldet, den Unterspreewald bedeckt etwa zur Hälfte Wald.

Der *Spreewaldhof Wotschofska* ist besonders an den Wochenenden das Ziel vieler, doch Platz ist für alle vorhanden. Über 400 Personen fassen die Innenräume und 650 die Terrasse *(geöffnet April bis Okt. tgl., Kategorie 3)*. Der sorbische Name bedeutet »kleine Erhöhung mit Erlen«. Auf die Erleninsel flüchteten sich in Kriegszeiten die Einwohner. 1894 erbaute die Stadt Lübbenau die heutige Gaststätte im Blockhausstil, der Saal kam 1902 dazu.

Die Rückfahrt erfolgt auf dem *Wehrkanal,* der das Bürgerfließ kreuzt. Über Lehde erreichen Sie den Ausgangspunkt dieser Route.

2. Tour: Von Lübben nach Schlepzig und zurück (5 Std.)

(107/D 3–4) Von der *Hauptspree* biegt man in den *Stadtgraben* ein, von dem sich interessante Blicke auf das alte Lübbenau bieten. Um in die *Berste* zu gelangen, einen von Luckau kommenden Nebenfluß der Spree, muß eine Schleuse passiert werden. Wie die Schleusen zu bedienen sind, steht auf Schildern vermerkt. An den Wochenenden oder während der Ferien übernehmen das oft Schüler. Es gehört zu den alten Sitten, als Dank einen »Spreewaldgroschen« auf den Schleusenrand zu legen.

Hinter der Schleuse *Lehniksberg* erreicht man wieder die *Hauptspree,* auf der die Kähne mit Motorkraft vorwärtsbewegt werden dürfen; in den stillen Fließen ist das nicht gestattet. Auf den Wiesen stolzieren hier und dort Weißstörche, denen es im Spreewald zu gefallen scheint, denn mehr als 100 Brutpaare wurden neuerdings gezählt.

Wenn der für den Unterspreewald typische Mischwald beginnt, dann ist Schlepzig nicht mehr weit. Auf der Wasserburger Spree und dem Puhlstrom erreichen Sie die Hauptspree, auf der es am 52 ha großen Inselteich vorbei nach *Schlepzig* geht. Die Rückfahrt auf der gleichen Strecke wird keinesfalls langweilig, denn die Landschaft hält aus dem entgegengesetzten Blickwinkel neue Bilder bereit.

Eine der zahlreichen Schleusen auf einer Spreewaldkahnfahrt

OBERLAUSITZER BERGWEG

Der von Neukirch im Westen bis nach Zittau im Dreiländereck Polen, Tschechische Republik, Deutschland führende Wanderweg erschließt die erlebnisreiche Landschaft des Oberlausitzer Berglandes und des Zittauer Gebirges. Er hat eine Länge von 115 km und ist aufgeteilt in sechs Tourenvorschläge. Blaue Balken auf weißem Quadrat sind die Markierung. Festes Schuhwerk ist angebracht.

1. Tour: Von Neukirch nach Sohland (Spree) (24,5 km)

(116/A3–B4) Der Wanderweg beginnt auf dem *Valtenberg* (587 m), der von Neukirch auf einem mit grünen Balken markierten Weg erreicht wird. Stärken kann man sich vor dem Losmarschieren in der *Gaststätte Valtenbergbaude,* die in der heutigen Form nach einem Brand 1977 öffnete *(tgl. geöffnet, Kategorie 3).* Der 22 m hohe Aussichtsturm (1856) wurde nach König Johann von Sachsen benannt, der 1865 mit dem Pferd auf den Valtenberg geritten kam.

Der Abstieg in östlicher Richtung führt an der *Quelle der Wesenitz* vorbei, die in der Nähe von Pirna in die Elbe mündet. Der nahe *Valentin-Erb-Stollen* erinnert an Goldgräber, die vom 14. bis zum 18. Jh. an vielen Stellen in der Oberlausitz nach Gold suchten – allerdings ohne Erfolg. Weiter geht es in Richtung *Steinigtwolmsdorf* und von dort über *Wehrsdorf* mit über 70 Umgebindehäusern und einer schlichten Barockkirche (1725) zum *Dreiherrenstein,* der ein wenig abseits des Weges steht, direkt an der Grenze zu Tschechien. 1750 wurde der Stein als Grenzmarkierung gesetzt.

An der Staatsgrenze entlang wandern Sie in südlicher Richtung nach *Neudorf,* einem Ortsteil von Sohland. Wenig später bietet sich die Möglichkeit, nochmals auf die durchwanderte Landschaft zu schauen: Bei der *Prinz-Friedrich-August-Baude (Baudenweg 3, im Winter Mi, Do geschl., im Sommer nur Do geschl., Kategorie 3)* steht seit 1900 ein Aussichtsturm. Bergab erreicht man das Zentrum von Sohland.

2. Tour: Von Sohland (Spree) nach Neusalza-Spremberg (19 km)

(116/B–C4) Von *Sohland* mit seinem kleinen Marktplatz wandern Sie über den *Kirchberg,* linker Hand ist das Wahrzeichen des Ortes zu sehen, die 1796 aus heimischem Granit errichtete gewölbte Himmelsbrücke. Der folgende kleine Stausee bietet die Möglichkeit zu einer Bootsfahrt. Weitergewandert wird durch *Ellersdorf* zu den *Kälbersteinen* (487 m). Auf dem Tisch am überdachten Rastplatz ist eine Übersichtstafel angebracht, die die Berge in der Umgebung und die Entfernungen dorthin nennt. Wenige Meter weiter – *Böhmische Aussicht* heißt diese Stelle – bietet sich ein großartiger Blick.

Nach dem Abstieg überqueren Sie bei *Picka* die B 96. Am Waldrand entlang geht es hoch zum nächsten Ziel, dem *Bieleboh,* mit 499 m der höchste Gipfel einer Bergkette. Der Aussichtsturm auf dem Bieleboh bekam sein heutiges Aussehen nach einem Brand 1910.

Vom Bieleboh wandert man nach *Beiersdorf,* und über das Flößchen, einen kleinen Bach, und durch den *Großen Wald* erreichen Sie das sich im Tal der Spree erstreckende *Neusalza-Spremberg,* das 1929 aus dem Dorf Spremberg und der Stadt Neusalza entstand. An das einstige Nebeneinanderbestehen der beiden Orte erinnern noch die zwei Kirchen: Auf einer Anhöhe über der Spree die Dorfkirche von Spremberg (1901–02) und in Neusalza das 1679 als Exulantenkirche eingeweihte Gotteshaus. Sehenswert ist das *Reiterhaus,* ein zum Museum gewordenes Umgebindehaus aus dem 17. Jh., das seinen Namen von der hölzernen Reiterfigur am Giebel bekam.

3. Tour: Von Neusalza-Spremberg nach Eibau (19 km)

(116/C4–117/D4) Die Wanderung führt hoch zu den *Schmiedesteinen* (373 m), einer Felsengruppe aus Granit. Von mehreren Stellen aus reicht der Blick bis zum Zittauer Gebirge. Hinter dem *Raumbusch* genannten Wald empfiehlt sich ein kleiner Abstecher zur *Kottmarsdorfer Bockwindmühle,* die besichtigt werden kann. Die Wetterfahne zeigt das Erbauungsjahr 1843 und die Initialen »ABZ«, die für den Bauherrn August Benjamin Zimmermann stehen. Bis 1943 wurde in der Mühle, deren Flügel eine Spannweite von 17 m haben, Getreide gemahlen.

Der *Kottmar* (583 m) – »der Kupper« sagen die Einheimischen zu dem Berg – bekam 1881 einen Aussichtsturm, wenige Monate später öffnete die *Kottmarbergbaude (tgl. geöffnet, Kategorie 3).* Am Hang des Kottmar sprudelt eine der drei *Spreequellen,* auch Buchborn genannt, weil sie in einem lichten Buchenhain liegt. 1886 wurde die Quelle geweiht, 1921 mit einer halbkreisförmigen Mauer umgeben. Die Spree erreicht nach 351 km den Berliner Müggelsee.

Freunde der Volksarchitektur werden einen Abstecher nach *Obercunnersdorf* machen, das mit seinen Umgebindehäusern aus dem 17. bis 19. Jh. begeistert. Rund 250 Exemplare hat das langgestreckte Dorf davon zu bieten. Die meisten sind schieferverkleidet und stehen unter Denkmalschutz. An den *Kottmarhäusern* vorbei wandert man nach Eibau mit dem Beckenberg (409 m) auf dem sich das *Heimat- und Humboldtmuseum* sowie die *Beckenbergbaude* befinden *(Di ab 14 Uhr und Mi geschl., Kategorie 3).* Ausgeschenkt wird auch das in dieser Region beliebte süffige Eibauer Schwarzbier.

4. Tour: Von Eibau nach Großschönau (13 km)

(117/D 4–5) Von *Eibau,* einem alten Weberort mit Fabrikantenvillen und kleinen Umgebindehäusern, wandern Sie nach *Oberoderwitz.* Das Dorf kann eine kulturgeschichtliche Rarität vorweisen: drei Bockwindmühlen. Die mindestens seit 1787 bestehende Berndmühle, die Neumannmühle, die bis 1867 in Ullendorf in Böhmen stand, und die 1813 vom 11 km entfernten Burkersdorf hierher versetzte Birkmühle, zu der eine *Gaststätte* gehört *(Do–Mo geöffnet, Kategorie 3).* Im 18. Jh. soll es im Oderwitzer Raum sechs Windmühlen und vier Wassermühlen gegeben haben.

Beim Bahnhof Oberoderwitz führt der Wanderweg über die

Die Kottmarsdorfer Bockwindmühle wurde 1843 gebaut

B 96 zu den *Bleichteichen,* in denen einst Garn gebleicht wurde. Weiter geht es nach *Neue Sorge,* einem Ortsteil von *Leutersdorf.* Vorbei an der *Emmabank* erreichen Sie den *Großen Stein* (471 m), der schon von weitem inmitten der Wiesen zu sehen ist. Das Wahrzeichen von Spitzkunnersdorf wird salopp als »Goethekopf« bezeichnet, da ein kleiner niedriger Gipfel große Ähnlichkeit mit dem Profil des Dichterfürsten hat. Fast wäre der Große Stein abhanden gekommen, denn 1928 sollte ein Steinbruch eröffnet werden. Für die Beförderung der Steine war eine Schwebebahn vorgesehen. Gemeindeverwaltung und Heimatverbände konnten das Vorhaben verhindern und das Naturschutzgebiet mit seiner seltenen Flora erhalten.

Durch Wiesen geht es nach *Spitzkunnersdorf* und von dort zum *Weißen Stein,* einem etwa 6 m hoch aufragenden Felsen. Oberhalb von Großschönau erhebt sich der *Hutberg* (371 m), der Hausberg des durch die Damastweberei bekanntgewordenen Ortes.

5. Tour: Von Großschönau nach Lückendorf (23,5 km)

(**117/D 5–6**) Anfang des 19. Jhs. lebten drei Viertel der Einwohner Großschönaus von der Damastweberei, etwa 800 Webstühle standen in den Umgebindehäusern. Wie eine solch armselige Weberstube vor 100 Jahren aussah, zeigt das *Deutsche Damast- und Frottiermuseum* im Kupferhaus. Das Gebäude kam zu seinem Namen, weil es bis 1865 mit Kupferplatten gedeckt war.

Der Wanderweg überquert die *Lausur,* rechter Hand ist die waldlose Kuppe (410 m) des Finkenhübel an der Grenze zu Tschechien sichtbar. Durch Wiesen und Felder wandert man nach *Herrenwalde,* und von dort auf dem Oberen Bornweg und Hückelweg hinauf zum *Weberberg* (712 m). Auf dem Lauschekamm geht es entlang der Staatsgrenze zum höchsten Berg des Zittauer Gebirges, der *Lausche* (792 m), die einen spannenden Rundblick bietet.

Den Berg überzieht ein prächtiger Mischwald aus Buche, Bergahorn, Ulme und Esche. Der Abstieg nach *Waltersdorf* bietet viele schöne Aussichten. Das typische Straßendorf hält zahlreiche zweigeschossige Umgebindehäuser bereit, die teilweise prachtvolle Türstöcke aus heimischem Sandstein schmücken.

Auf dem Hohlsteinweg geht es zu den *Nonnenfelsen* (537 m), ein Sandsteinfelsenmassiv mit Aussichtsplateau. Zum Kraftschöpfen lädt der bereits seit 1860 bestehende *Berggasthof Nonnenfelsen* ein *(tgl. geöffnet, Kategorie 3).*

Jonsdorf, das 1934 den amtlichen Zusatz Kurort bekam, erreichen Sie bei der *Gaststätte Gondelfahrt* an der *Großschönauer Straße (tgl. geöffnet, Kategorie 3).* Der Wanderweg führt am südlichen Rand von Jonsdorf entlang zum *Hochwald* (749 m), dem zweithöchsten Berg des Zittauer Gebirges. Der 25 m hohe Aussichtsturm steht seit 1892 auf dem Berg.

Der Abstieg vom Hochwald nach Lückendorf erfolgt zum *Kammloch,* einem ehemaligen Paß nach Nordböhmen, von dem sich ein kleiner Abstecher zu den *Kelchsteinen* lohnt, eigenwillig geformten Sandsteinfelsen.

6. Tour: Von Lückendorf nach Zittau (16 km)

(117/D6–E5) *Lückendorf,* der südlichste Erholungsort Sachsens, liegt beschaulich zwischen Wiesen, Feldern und Wald. Die kleine Barockkirche, die sich ein wenig im Tal versteckt, stammt aus dem Jahr 1690.

Über den Brandberg-, den Körting- und den Scharfensteinweg erfolgt der nicht ganz mühelose Aufstieg zum *Scharfenstein* (570 m), scherzhaft als Matterhorn der Oberlausitz bezeichnet. Der Felsturm bietet einen spannenden Blick. Zurückgekehrt zum Scharfensteinweg erreicht man auf der Töpferstraße *Kurort Oybin.* Ein touristisches Muß ist hier der Aufstieg zum *Berg Oybin* (514 m), der mit seiner Burg- und Klosteranlage bienenkorbartig den Ort überragt.

Vom Oybiner Bahnhof wandert man nach Niederoybin zur Gaststätte und *Pension Teufelsmühle (tgl. geöffnet, Kategorie 3)* und biegt dort nach rechts ab. Auf dem Biersteig geht es nach *Eichgraben* und von dort über die *Rote Höhe* (270 m) nach *Hartau,* lange Zeit eine Bergbausiedlung. 1835 begann der Abbau von Braunkohle, 1900 bestanden acht Kohlegruben. Auf dem Hartauer Dammweg, den mächtigen Eichen säumen, und danach entlang der Neiße erreichen Sie *Zittau,* das eine Menge an Sehenswürdigkeiten vorzuweisen hat. Am Hauptbahnhof endet der Oberlausitzer Bergweg.

Wwg. Kannomühle
Radensdorf
Ghs. Bukoitza
Wußwerk
Alt Zauche
Waldschlößchen
Ringchaussee
Wotschofska
Pohlenzsch.
Radensdorf Lübben

Von Auskunft bis Wetter

Hier finden Sie die wichtigsten Adressen und Informationen für Ihre Reise in den Spreewald und die Lausitz

AUSKUNFT

Die Tourist-Informationen der Städte und auch vieler Gemeinden verschicken kostenlos Informationsmaterial sowie Übernachtungs- und Gaststättenverzeichnisse. Rückporto beilegen! Allgemeine Auskünfte über die Niederlausitz und den Spreewald:

Fremdenverkehrsverband Niederlausitz e. V.
Schloßbezirk 3, 03130 Spremberg, Tel. 03563/572 20 00, Fax 57 20 02, E-Mail: niederlausitz@niederlausitz.de

Fremdenverkehrsverband Spreewald e. V.
Lindenstraße, 03226 Raddusch, Tel. 035433/722 99, Fax 722 28, E-Mail: tourismus@spreewald.de

Informationen über Sitten und Bräuche der Sorben in der Niederlausitz:

Sorbische Kulturinformation

Tausend Wege führen zu den schönsten Plätzen und Gegenden von Spreewald und Lausitz

»Lodka«
August-Bebel-Straße 82, 03046 Cottbus, Tel. 0355/79 11 10, Fax 245 31
Informationen über die Oberlausitz und das Zittauer Gebirge erteilen:

Tourismusverband Oberlausitz/Niederschlesien e. V.
Bahnhofstr. 14, 02625 Bautzen, Tel. 03591/487 70, Fax 48 77 48, E-Mail: kuehn@imedia.de

Fremdenverkehrsgemeinschaft Zittauer Gebirge – Spreequelland e. V.
Hochwaldstr. 29, 02763 Zittau, Tel. 03583/72 25 20, Fax 722 11 00

Informationen über das kulturelle Leben der Sorben in der Oberlausitz:

Sorbische Kulturinformation
Postplatz 2, 02625 Bautzen, Tel. 03591/421 05, Fax 428 11

AUSKUNFT IM INTERNET

Spreewald
www.spreewald-tourismuszentrale.de

Niederlausitz
www.niederlausitz.de

Oberlausitz/Zittauer Gebirge
www.sachsen-tour.de

ANGELN

Besonders fischreich sind in der Niederlausitz die Peitzer Teiche und in der Oberlausitz die Teichgebiete um Königswartha, Weißig, Biehla und Deutschbaselitz. Barsch, Blei, Plötze, Karpfen, Hecht, Zander, Aal und Forelle werden dort vor allem gefangen. Freier Fischfang ist jedoch nicht gestattet. Wer angeln möchte, muß einen auf seinen Namen lautenden Fischereischein mit sich führen und eine zeitlich befristete Angelkarte erwerben. Näheres über die Ausgabestellen erfahren Sie bei den Tourist-Informationen.

DIPLOMATISCHE VERTRETUNGEN

Österreichische Botschaft
Atrium-Gebäude, Quartier 203, Friedrichstr. 60, 10117 Berlin, Tel. 030/229 05 65, Fax 229 05 69

Konsularisches Dienstleistungszentrum der Schweiz
Peter-Hensen-Str. 1, 53175 Bonn, Tel. 0228/816 62 70, Fax 816 62 71

GRENZÜBERGÄNGE

Die Lausitz grenzt im Osten an Polen und im Süden an die Tschechische Republik. Ein Ausflug in eins der Nachbarländer steht bei vielen Lausitzbesuchern im Reiseprogramm, der gültige Personalausweis oder Reisepaß darf nicht vergessen werden.

Republik Polen
Grenzübergänge für Pkw, Radfahrer und Fußgänger: Guben – Gubin (Guben); Bad Muskau – Leknica (Lugknitz); Podrosche – Przewóz (Priebus); Görlitz – Zgorzelec (Görlitz); Ostritz – Krzewina. *Nur für Radfahrer und Fußgänger:* Zittau/Chopinstraße – Sieniawka (Klein Schönau); Zittau/Friedensstraße – Posrajow (Poritsch). *Nur für Kfz:* A 15 Forst/Bademeusel; Görlitz/Ludwigsdorf – Jedrzychowice (Hennersdorf).

Tschechien
Grenzübergänge für Pkw, Radfahrer und Fußgänger: Seifhennersdorf/Zollstraße – Varnsdorf (Warnsdorf); Neugersdorf – Jirikov (Georgswalde); Neugersdorf – Rumburk (Rumburg).

Auf Wanderwegen darf die Staatsgrenze im kleinen Grenzverkehr von April bis Sept. 6 bis 22 Uhr und Okt. bis März 8 bis 18 Uhr überschritten werden; bei Hartau – Hrádek nach Nisou (Grottau an der Neiße); Lückendorf – Petrovice (Petersdorf); Oybin – Krompach (Krombach); Jonsdorf – Krompach (Krombach); Waltersdorf – Dolni-Svetlá (Lichtenwalde); Ebersbach/Bahnhofstraße – Jirikov (Georgswalde). Im kleinen Grenzverkehr ist ein Aufenthalt bis zu sieben Tagen in einem Bereich von 25 km Luftlinie landeinwärts von der Staatsgrenze gestattet.

JUGENDHERBERGEN

Fünf gibt es in der Niederlausitz, neun in der Oberlausitz. Auskunft erteilt das Deutsche Jugendherbergswerk.
Für die Niederlausitz: *Landesverband Berlin-Brandenburg e.V., Tempelhofer Ufer 32, 10963 Berlin, Tel. 030/262 30 24, Fax 262 95 29*

Für die Oberlausitz: *Landesverband Sachsen e.V., Zschopauer Str. 216, 09126 Chemnitz, Tel. 0371/ 56 15 30, Fax 561 53 99*

KAHNFAHRTEN

Von mehr als 20 Kahnfährhäfen beginnen im Spreewald die Fahrten. Die Saison fängt meist im April an und endet im Oktober. Die Fahrten dauern von 1,5 bis zu 8 oder 9 Std., abgefahren wird, wenn der Kahn besetzt ist. Individuelle Touren können mit den Kahnfährleuten vereinbart werden. Die Kähne fassen 6 bis 35 Personen, bezahlt wird generell beim Fährmann. Für ihre Gäste vermitteln Hotels und Pensionen oft Kahnfahrten, viele von ihnen haben eigene Kahnfährhäfen.

KLETTERN

Sportkletterer finden in dem nur 5 mal 15 km großen Zittauer Gebirge etwa 80 Gipfel. Sie bieten Kletterwege aller Schwierigkeitsgrade.

NOTRUFE

Polizei: *Tel. 110*
Feuerwehr, Notarzt: *Tel. 112*

ÖFFNUNGSZEITEN

Wer bei den Gaststätten sichergehen möchte, ob geöffnet ist, sollte sich vorher telefonisch erkundigen. Sind keine Gäste mehr da, wird oft früher als angegeben geschlossen. Beachtet werden sollte, daß der Küchenschluß meist 30 bis 60 Min. vor dem Schließen der Gaststätte liegt. Die Geschäfte in den Kleinstädten und Dörfern haben meist eine ein- bis zweistündige Mittagspause. In den Ferien- und Kurorten dürfen sie an maximal 40 Sonn- und Feiertagen im Jahr bis zu 8 Std. geöffnet haben, an Samstagen ist spätestens 20 Uhr zu schließen. Die Museen sind in der Regel am Mo geschl. In den Städten haben die Kirchen im Sommer meist stundenweise geöffnet. Auf dem Lande ist man im Pfarramt fast immer bereit, die Kirchentür für einen Besucher aufzuschließen.

PANNENHILFE

Pannennotruf des ADAC rund um die Uhr *Tel. 01802/22 22 22*

RADFAHREN

In den vergangenen Jahren ist ein umfangreiches Radwanderwegenetz entstanden. So führt der 234 km lange Froschradwanderweg durch die Oberlausitzer Heide- und Teichlandschaft. Seinen Namen bekam er von dem Frosch, mit dem er beschildert wurde.

Fahrräder stehen fast in jedem Ferienort zum Mieten bereit, auch viele Hotels haben Drahtesel für ihre Gäste. Radwandern mit Übernachtung in guten Hotels und Gepäckservice organisiert von April bis Mitte Okt. *Die Mecklenburger Radtour (Rudenstr. 2, 18439 Stralsund, Tel. 03831/ 28 02 20, Fax 28 02 19).*

REISEZEIT

Der Spreewald gehört zu den sommerlichen Ausflugszielen. Im Winter gibt es keine Kahnfahrten. Durchaus reizvoll kann jedoch ein Spaziergang auf zugefrorenen Fließen sein. Auch die

Noch immer in Betrieb: die schöne alte »Bimmelbahn«

übrige Niederlausitz und das Oberlausitzer Heide- und Bergland sind ausgesprochene Sommerreiseziele. Das Zittauer Gebirge dagegen hat im Sommer und Winter Saison wie auch die kunst- und kulturgeschichtlich bedeutsamen Städte Bautzen und Görlitz.

SCHMALSPURBAHN

Freunde der kleinen Bahnen kommen in der Lausitz auf ihre Kosten. In der Niederlausitz rollt in Cottbus die *Parkeisenbahn* vom Bahnhof Sandower Dreieck bis zum Bahnhof Friedenseiche in Branitz. *Mai–Aug. Di–So, April und Sept. nur Sa, So. Auskunft: Tel. 0355/75 61 70*

In der Oberlausitz verbindet die *Waldeisenbahn Muskau* die Stadt Weißwasser mit den beiden Parks in Kromlau und Bad Muskau. *April–Okt. Sa und So, von Ende Juli bis Anf. Sept. auch am Do. Auskunft: Tel. 03576/20 74 72*

Vom Bergbaumuseum Knappenrode bei Hoyerswerda fährt die *Lausitzer Grubenbahn* bis zum 18 km entfernten Auerhahn an der B 97. *Mitte April–Okt. an Sa, So und Feiertagen, Auskunft: Tel. 03571/67 26 64*

In Löbau fährt von Mai bis Sept. Do, Sa, So *Werners Gartenbahn, Lauchaer Weg 1, Auskunft: Tel. 03585/40 51 10*

Die *Görlitzer Oldtimer-Parkeisenbahn* schnauft auf einem Rundkurs durch den Park am Weinberg, *April–Okt., Auskunft: Tel. 03581/40 63 57*

Täglich zu allen Jahreszeiten verbindet die *Bimmelboahn* Zittau mit den Kurorten Oybin und Jonsdorf. *Auskunft: Tel. 03583/64 456*

WANDERUNGEN

Im Spreewald haben die markierten Wanderwege eine Länge von über 1100 km. Beliebt sind im Spreewald Wasserwanderungen, für die Touren gibt es etwa 400 km befahrbare Fließe. Sie können mit dem eigenen Boot auf Erkundungsfahrt gehen oder sich vor Ort ein Paddelboot ausleihen.

Ein gut markiertes Wanderwegenetz besteht auch im Oberlausitzer Bergland und dem Zittauer Gebirge.

WINTERSPORT

Das Zittauer Gebirge bietet besonders Anfängern vielseitige Wintersportmöglichkeiten. Als relativ schneesicher gelten die Hochlagen von der Lausche bis zum Weberberg südwestlich von Waltersdorf. Ein schönes Skigelände sind die Nord- und Osthänge des Johannissteins südwestlich von Oybin. Der Skiwanderweg Zittauer Gebirge, markiert mit einem blauen Skiläufer, beginnt am Schwarzen Tor bei Waltersdorf und endet am Forsthaus Lückendorf. Seine Länge beträgt 19 km. Insgesamt bietet das Zittauer Gebirge über 30 km beschilderte und gespurte Loipen. Skilifte sind am Schlechteberg in Ebersbach, an der Lausche bei Waltersdorf, am Nordhang des Valtenberges bei Neukirch, am Schwedenstein in Steina und am Schwarzenberg in Elstra vorhanden. Schlitten und Tourenski können in Jonsdorf, Lückendorf, Oybin und Waltersdorf ausgeliehen werden. Möglichkeiten zum Eislaufen gibt es auf der Natureisbahn im Volksbad Eibau, im Jonsdorfer Freizeit- und Eissportzentrum, auf der Spritzeisbahn im Hermann-Bad Löbau, im Freizeitpark Niesky, auf der Natureisbahn am Karli-Haus Seifhennersdorf und im Eisstadion Weißwasser.

WETTER IN COTTBUS

Die monatlichen Durchschnittswerte im Überblick

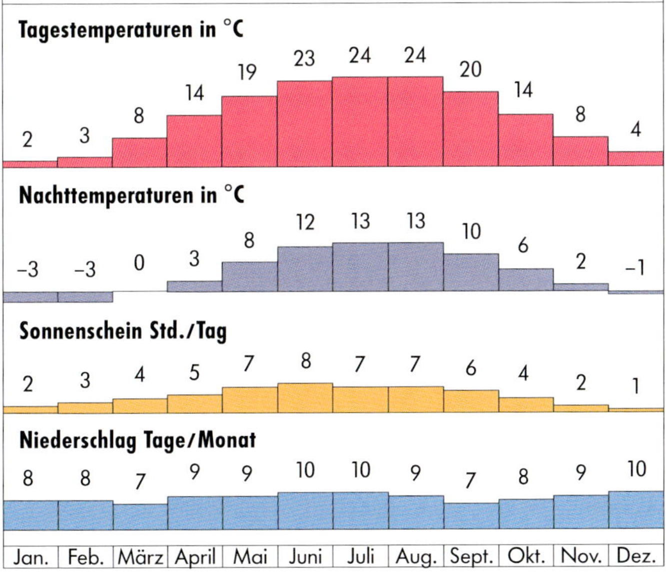

Bloß nicht!

Worauf Sie achten und was Sie vermeiden sollten

Diebstahl
Die Niederlausitz grenzt an Polen, die Oberlausitz auch an Tschechien. Grenzübergreifende Raubzüge sind keine Seltenheit, weil Gestohlenes rasch ins Nachbarland gebracht werden kann. Sie sollten deshalb verstärkt auf Handtaschen und Geldbörsen achten sowie Fahrräder niemals ungesichert abstellen.

Einbruchgefahr
Große Flächen der Lausitz sind Bergbaugebiet. Respektieren Sie die Schilder »Lebensgefahr«, denn schnell können Sie auf den Kippen ins Rutschen kommen oder in verdeckte Gruben einbrechen!

Motorbootfahren
Bringen Sie an Ihrem mitgebrachten Boot auf keinen Fall einen Motor an! Motorboote sind im Spreewald weiterhin tabu, da sie das Wasser unnatürlich durchwirbeln sowie starke Bugwellen erzeugen, die Schäden an den Ufern hervorrufen. Zuwiderhandlungen werden mit Ordnungsstrafen geahndet.

Mücken
Mückenschutzmittel bei der Fahrt in den Spreewald nicht vergessen! In manchen Jahren kann die Stechmücke die Freude einer Kahnfahrt erheblich beeinträchtigen. Auf die alte Spruchweisheit der Einheimischen, »spielen zu Weihnachten die Mücken, wird Sie zu Johannis (24. Juni) Kälte zwicken«, sollten Sie nicht unbedingt vertrauen.

Naturfrevler
In den Naturschutzgebieten sowie den Zonen I und II des Biosphärenreservates Spreewald ist der Mensch Gast der Natur. Beeren, Pilze, Kräuter und Mineralien dürfen hier nicht gesammelt werden. Ärger gibt es auch, wenn Sie die dort lebenden Tiere beunruhigen, die Wege verlassen, die Wiesen betreten, angeln oder Hunde frei laufen lassen.

Wanderkarten
Begeben Sie sich auf keinen Fall ohne Wasserwegkarte in das Spreewaldlabyrinth. Gute Karten nennen die Namen der Fließe, die Schleusen sind eingezeichnet. Wie diese bedient werden, finden Sie selten in den Karten, sondern meist auf Schildern an den Bauwerken. Im Zittauer Gebirge ist die Wegemarkierung sehr gut, dennoch empfiehlt es sich, auf jeden Fall eine Wanderkarte mitzuführen.

Reiseatlas Spreewald/Lausitz

Die Seiteneinteilung für den Reiseatlas finden Sie auf dem hinteren Umschlag dieses Reiseführers

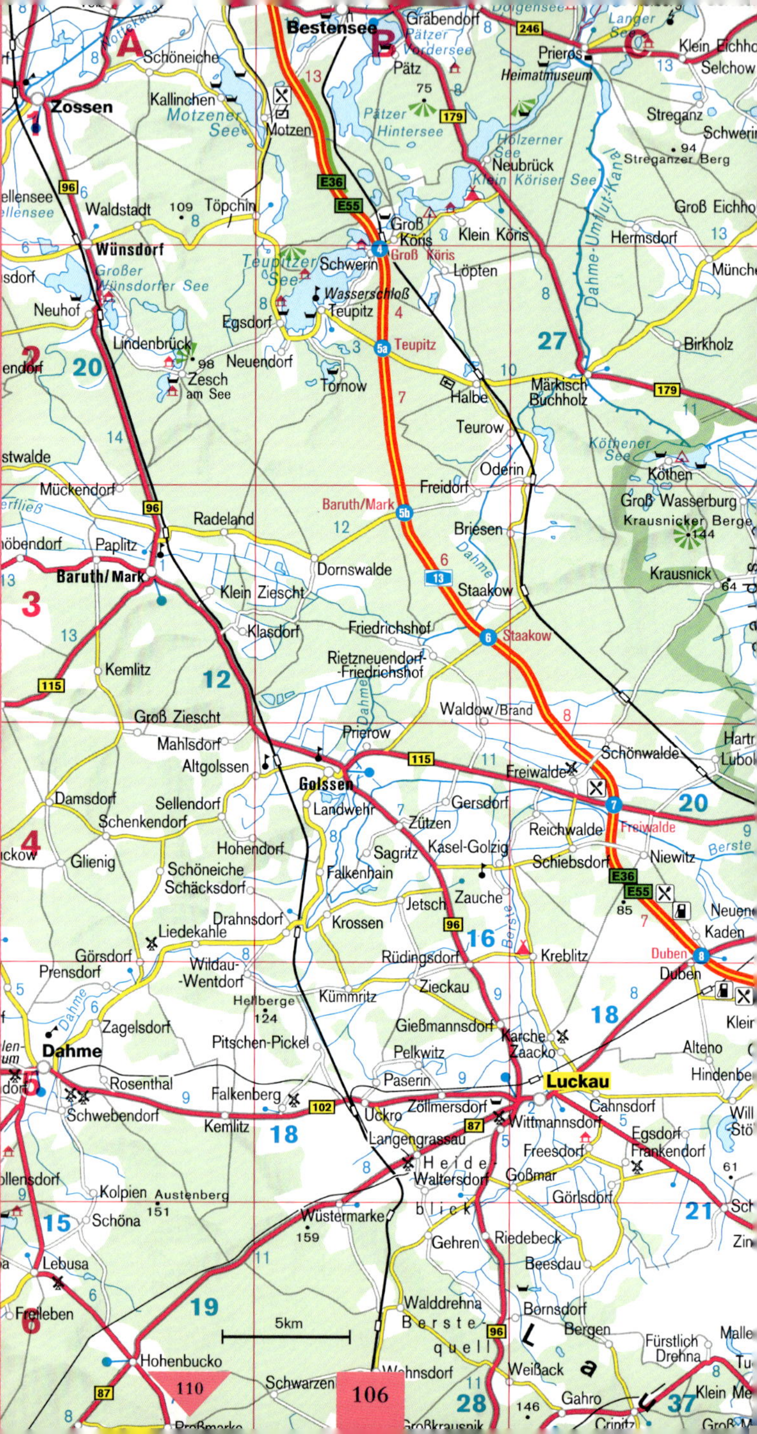
Bestensee
Gräbendorf
Pätzer Vordersee
Prieros
Heimatmuseum
Klein Eichholz
Selchow
Langer See
Schöneiche
Zossen
Kallinchen
Motzener See
Motzen
Pätz
Pätzer Hintersee
Streganz
Schwerin
Streganzer Berg
Hölzerner See
Neubrück
Klein Köriser See
Dahme-Umflut-Kanal
Waldstadt
Töpchin
Groß Köris
Klein Köris
Groß Eichholz
Hermsdorf
Wünsdorf
Großer Wünsdorfer See
Teupitzer See
Schwerin
Löpten
Neuhof
Wasserschloß
Teupitz
Egsdorf
Lindenbrück
Neuendorf
Zesch am See
Tornow
Halbe
Märkisch Buchholz
Birkholz
Teurow
Köthener See
Köthen
Oderin
Mückendorf
Freidorf
Groß Wasserburg
Krausnicker Berge
Radeland
Baruth/Mark
Paplitz
Briesen
Dornswalde
Krausnick
Klein Ziescht
Staakow
Klasdorf
Friedrichshof
Kemlitz
Rietzneuendorf-Friedrichshof
Waldow/Brand
Groß Ziescht
Mahlsdorf
Prierow
Altgolssen
Golssen
Schönwalde
Freiwalde
Lubolz
Damsdorf
Sellendorf
Landwehr
Gersdorf
Schenkendorf
Zützen
Reichwalde
Hohendorf
Sagritz
Kasel-Golzig
Schiebsdorf
Niewitz
Berste
Glienig
Schöneiche Schäcksdorf
Falkenhain
Zauche
Drahnsdorf
Jetsch
Krossen
Liedekahle
Kaden
Kreblitz
Görsdorf
Rüdingsdorf
Duben
Prensdorf
Wildau-Wentdorf
Zieckau
Kümmritz
Hellberge
Zagelsdorf
Gießmannsdorf
Dahme
Pitschen-Pickel
Karche-Zaacko
Pelkwitz
Alteno
Hindenberg
Rosenthal
Paserin
Luckau
Falkenberg
Schwebendorf
Zöllmersdorf
Cahnsdorf
Kemlitz
Uckro
Wittmannsdorf
Langengrassau
Egsdorf
Freesdorf
Frankendorf
Heideblick
Waltersdorf
Goßmar
Kolpien
Austenberg
Görlsdorf
Schöna
Wüstermarke
Gehren
Riedebeck
Lebusa
Beesdau
Walddrehna
Bornsdorf
Freileben
Bersteguell
Bergen
Fürstlich Drehna
Hohenbucko
Wehnsdorf
Weißack
Schwarzenburg
Gahro
Klein Mehßow
Crinitz
Großkrausnik
Lausitz
5km
110

Dahmsdorf
Wochowsee
Wendisch Rietz
Großer Selchower See
Herzberg
Groß Rietz
Radinkendorf
Spree
Glienicke
Lindenberg
Birkholz
Bugk
Wendisch Rietz Siedlung
Behrensdorf
Sperrgebiet
Buckow
Beeskow
Hannemannei
Krügersdorf
Oegeln
Ahrensdorf
Premsdorf
Falkenberg
Tauche
Möllendorf
Kehrigk
Limsdorf
Görsdorf
Wulfersdorf
Kummerow
Zeust
Schwenow
Giesensdorf
Stremmen
Alt Schadow
Werder
Kossenblatt
Ranzig
Friedland
Neuendorf am See
Neuendorfer See
Brieschт
Leißnitz
Glowe
Glower See
Plattkow
Hohenbrück
Neu Schadow
Pretschen
Trebatsch
Sarkow
Günthersdorf
Karras
Niewisch
Leibsch
Wittmannsdorf-Bückchen
Wiese
Sawall
Neu Lübbenau
Bückchen
Mittweide
Pieskow
Kuschkow
Schuhlen
Schwielochsee
Zaue
Schadow
Gröditsch
Groß Leuthener See
Klein Leuthen
Groß Leuthen
Ressen
Speichrow
Leibchel
Neukrug
Goyatz
Jessern
Goschen
Schlepzig
Krugau
Dürrenhofe
Dollgen
Guhlen
Doberburg
Birkenhainichen
Glietz
Groß Leine
Siegadel
Großer Mochowsee
Lieberose
Biebersdorf
Mochow
Lamsfeld
Briesener See
Klein Leine
Sacrow-Waldow
Groß Liebitz
Klein Liebitz
Caminchen
Briesensee
Laasow
Butzen
Radensdorf
Burglehn
Neu Zauche
Lübben /Spreewald
Lubin
Alt Zauche
Wußwerk
Weinberg
Straupitz
Cottbuser Berg
Bukoitza
Byhlen
Nordumfluter
Biosphären-reservat
Oberspreewald
Byhleguhrer See
Großes Fließ
Eiche
Byhleguhre
Ragow
Lübbenau /Spreewald
Lubnjow
Wotschofska
Burg Kauper
Kahnfährhafen
Lehde
Schmogrow
Fehrow
Radden
Freiland-museum
Leipe
Hauptspree
Lübbenau
Dreieck Spreewald
Boblitz
Burg /Spreewald
Borkowy
Striesow
Groß Beuchow
Südumfluter
Spreewald
Kittlitz
Groß Klessow
Groß Lübbenau
Raddusch
Naundorf
Müschen
Guhrow
Briesen
Stradow
Werben
Bischdorf
Suschow
Göritz
Dubrau
Babow
Milkersdorf
Papitz
Vetschau
Wětošow
Kolkwitz
Golkojce
Bathow
Calau
Kalkwitz
Koßwig
Eichow
Limberg
Groß Jehser
Mlode
Saßleben
Repten
Krieschow
Glinzig
Buckow
Calau
Kalawa
Reuden
Bolschwitz
Säritz
Tornitz
Kackrow
Hänchen
Kemmen
Gahlen
Briesen

111

A
B
C
1
2
3
4
5
6
Merz
Ragou
Oegeln
Schneeberg
Krügersdorf
Mixdorf
Schlaubetal
Rießener Berge
Schernsdorf
Rießen
Pohlitz
Kanal
Ziltendorf
Vogelsang
EISENHÜTTENSTADT
(40)
Dieloer Höhe
Stadtkirche
Freilichtbühne
Diehlo
Grunow
Großer Treppelsee
Dammendorf
Bremsdorf
Fünfeichen
Schlaube
Reudnitz
Oelsen
Oelsener See
Hutberg
162
Groß Briesen
Klingemühle
Klein Briesen
Kieselwitz
Möbiskruge
Lawitz
Lindow
Kobbeln
Klosterkirche
Neuzelle
Weichensdorf
Chossewitz
Schlaubemühle
Wirchensee
Treppeln
Kummro
Wellmitz
Karras
Groß Muckrow
142
Ossendorf
Schwerzko
Streichwitz
Bahro
Göhlen
Bomsdorf
Trebitz
Klein Muckrow
Henzendorf
Ullersdorf
Naturpark
Reicherskreuz
Steinsdorf
Sembten
Schieben
Bresinchen
Leeskow
Mochlitz
Groß Drewitz
Lauschütz
Schlaubetal
Jamlitz
Blasdorf
Staakow
Pinnow
Krayne
Grano
GUBEN
GUBIN
Pinnower See
Lübbinchen
Schenkendöbern
Deulowitz
Kaltenborn
116
Klein Liebitz
Schönhöhe
Großsee
Bärenklau
Atterwasch
Schlagsdorf
Grabko
Kerkwitz
Drewitz
Drachhausen
Tauer
Groß Gastrose
117
Laßzins-Wiesen
Preilack
Jänschwalde Ost
Turnow
Drehnow
Malxe
Peitz
Picnjo
Jänschwalde
Janšojce
Hüttenmuseum
Radewiese
Grießen
Późna
Nowa
Brzozów
Fehrow
Spree
Maiberg
Teufelsteich
Horno
Strzegów
Dissen
Maust
Heinersbrück
DÖBBRICK
WILLMERSDORF
Bärenbrück
Briesnig
Briesen
SKADOW
Neuendorf
LAKOMA
Grötsch
Naundorf
Sacro
SIELOW
64
Bohrau
COTTBUS
CHÓŚEBUZ
SCHMELLWITZ
Mulknitz
(64)
DISSENCHEN
(78)
FORST
BARŠĆ
Spreewehrmühle
Schlichow
Eulo
Theater
BRANITZER SIEDL.
Branitzer Park
Gosda
Klein Jamno
Rosengarten
Schloß BRANITZ
KLEIN-STRÖBITZ
SACHSEN-DORF
Haasow
Dubrau
Cottbus-West
Kiekebusch
Kathlow
Groß Jamno
Forst
112
Cottbus
E36
246
168
320
97
115
122

Cybinka
Drzeniów
Białków
Gęstowice
Rzeczyca
Siedlisko
Trzebiechów
Puszcza Rzepińska
Bytnica
Budachów
5km
Mielesznica
Chlebów
Skarbona
Korczyców
Radomicko
Skórzyn
Struga
Czetowice
Bielów
Łochowice
Gostchorz
Bytomiec
Krzesin
Miłów
Lubogoszcz
Granice
Osiecznica
Rybaki
Odra
Maszewo
Połęcko
Łomy
Kosarzyn
Marcinowice
Krosno Odrzańskie
Strumienno
Stary Raduszec
Sarbia
Czarnowo
Chlebowo
Nowy Raduszec
Nowy Zagór
Chojna
Wężyska
Lausitzer Neiße
Nysa Łużycka
Żytowań
Województwo
Brzózka
Brzeźnica
Stary Zagór
Budoradz
Drzeńsk Wielki
Wałowice
Brzezinka
Chromów
Bóbr
Dzikowo
Bronków
Bobrowice
Komorów
Czeklin
Kukadło
Gubin
POLSKA
Bieżyce
Pole
Bartogi
Chojnowo
Żenichów
Zawada
Kaniów
Grochów
Przychów
Tarnawa Krośnieńska
Dachów
Dobrzyń
Welmice
Janiszowice
Gubinek
Sękowice
Czarnowice
Chęciny
Dobre
Przyborowice
Dęby
Zielonogórskie
Kałek
Stargard Gubiński
Gębice
Lasek
Tymienice
Witaszkowo
Dąbrowa
Chocicz
Kozów
Starosiedle
Jałowice
Golca
Gozdno
Wierzchno
Chocimek
Grabków
Janówko
Lubsza
Wiełołów
Koło
Jasienica
Górzyn
Osiek
Mokra
Grodziszcze
Lutol
Małowice
Kumiałtowice
Biecz
Raszyn
Mała Tuchola
Datyń
Mierków
Ziębikowo
Duża Tuchola
Zabłocie
Suchodół
Brody
Chełm Żarski
Lubsko
Budziechów
Wicina
Tarnów
Dłużek
Guzów
Marianka
Kolonia Dłużek
Jasień
Roztoki
Proszów
Lisia Góra
Zieleniec
Nowa Rola
Bieszków
Świbinki
Świbna
Łukawy
Jabłoniec
Golin
Jurzyn
Drzeniów
Bronice
Lubanice
Brożek
Grężawa
Grabów
Jaryszów
Lipsk Żarski
Drożków
E
F
1
2
3
4
5
6
26
29
34
113
122

106
5km
Freileben
Hohenbucko
Schwarzenburg
Naundorf
Proßmarke
Kleinkrausnik
Wehrhain
Hillmersdorf
Stechau
Friedersdorf
Trebbus
Lichtena
Arenzhain
Dübrichen
Prießen
Sperrgebiet
Werenzhain
Buchhain
Doberlug-Kirchhain
142
Naturpark
Schilda
Tröbitz
Schönborn
125
Lindena
Rückersdorf
Gruhno
Kleine Elster
Wildgrube
Rothstein
Schadewitz
Friedersdorf
Winkel
Prestewitz
Theisa
Niederlausitzer
Thalberg
Dobra
Thum-B.
134
Bad Liebenwerda
(88)
Zeischa
Hohenleipisch
Heidelandschaft
Kraupa
152
Dreska
Prieschka
Haida
Würdenhain
Reichenhain
Saathain
Elsterwerda
(90)
Kahla
Plessa
Schwarze Elster
Stolzenhain
Große Röder
Prösen
Pulsnitz
Wainsdorf
Nauwalde
Gröditz
Röderaue
Merzdorf
Tiefenau
Pulsen
Frauenhain
Koselitz
Raden
Wülknitz
Treugeböhla
Görzig
Streumen
Zabeltitz
Peritz
Radewitz
Colmnitz
Bauda
Walda-Kleinthiemig
Großenhain
(115)
Glaubitz
Roda
Wildenhain
Zschaiten
Skassa
Nünchritz
Weißig
114
Walddrehna
Berstequell
Wehnsdorf
Großkrausnik
Pahlsdorf
Brenitz
Zeckerin
Sonnewalde
Schönewalde
Goßmar
Münchhausen
Frankena
Ponnsdorf
Hennersdorf
Lugau
Eichholz
Fischwasser
Pechhütte
Oppelhain
Sorno
Gorden
Staupitz
Tschischerasche Bge.
132
Grünewalde
Lauchhammer
Döllingen
152
Lauchhammer West
Reissdamm
Schraden
Plessa Süd
Kaupen
Tettau
Schraden
Frauendorf
Gröden
Heideberg
201
Hirschfeld
Lindenau
Frauwalde
Ortrand
Großthiemig
Großkmehlen
Strauch
Bräßnitz
212
Kraußnitz
Oelsnitz
Blochwitz
Linz
Ponickau
Uebigau
Weißig am Raschütz
Skäßchen
Nasseböhla
Schönborn
Adelsdorf
Liega
Großenhainer
Brockwitz
Lampertswalde
Quersa
Schönfeld
Thiendorf
Lötzschen
Rostig
Bornsdorf
Bergen
Fürstlich Drehna
Weißack
Gahro
Crinitz
Klein Mehßow
Groß Mehßow
Schrakau
146
Dabern
Kleinbahren
Babben
Bahren
Breitenau
Kalk- 134
Massen-Niederlausitz
Tanneberg
Lindthal
Gröbitz
Massen
Betten
Finsterwalde
(106)
Schacksdorf
Lichterfeld-
Klingmühl
136
Bergheide
Lausitz
Brandenburg
Kostebrau
Schwarzheide
Lauchhammer
1
2
3
4
5
6
A
B
C
96
87
101
169
98
13
18
19
20
21
22
27
28
37
41
114
110

Kalkwitz
Koßwig
Eichow
Golkojce
Groß Jehser
Mlode
Saßleben
Repten
E36
Buckow
Calau
Kalawa
Reuden
Bolschwitz
Säritz
Tornitz
Kackrow
Hänchen
64
Briesen
Kemmen
E55
Gahlen
Missen
Wüstenhain
Werchow
Ogrosen
Cabeler Berge
Laasow
Koschendorf
Leuthen
Graupe
Gollmitz
Settinchen
Buchwäldchen
Ranzow
22
Weißag
Gosda
Muckwar
Casel
Siewisch
Laubst
Reddern
Luckaitz
48
Bronkow
Bronkow
Radensdorf
Drebkau
Rutzkau
Schöllnitz
Pritzen
Saadow
Lipten
Altdöbern
Greifenhain
Domsdorf
14
Jehserig
Göllnitz
Ressen
Steinitz
Lug
Neupetershain Nord
Lubochow
Woschkow
Lindchen
Neupetershain
Barzig
Wormlage
Dörrwalde
Welzow
Saalhausen
Großräschen
Freienhufen
Bahnsdorf
Sallgast
Großräschen
Drochow
Proschim
Haidemühl
Poley
Annahütte
Sedlitz
Meuro
Klettwitz
Lausitz Ring
Klettwitz
ADAC
SENFTENBERG
20
Bluno
Hörlitz
Speicherbecken Koschen
Klein Partwitz
Schipkau
19
Senftenberger See
Kleinkoschen
Geierswalde
Brieske
Niemtsch
Großkoschen
Elster
Schwarze Elster
Brieske West
Tätzschwitz
Laubusch
Neuwiese
Bergen
Schwarzheide
Schwarzheide
Lauta Dorf
32
Biehlen
Schwarzheide Ost
Peickwitz
Hosena
Lauta
Nardt
Ruhland
Ruhland
Torno
Schwarzbach
Hohenbocka
Schwarzkollm
Bröthen
Arnsdorf
Leippe
Michalken
Guteborn
16
Großer Stockteich
Hermsdorf
19
Grünewald
Wittichenau
Kulow
Heide
Zeißholz
Lipsa
Sella
Wiednitz
Dubring
Bernsdorf
Cosel
Olgahöhe
Liebegast
Zeisholz
Grüngräbchen
Straßgräbchen
Lieske
Oßling
Weißig
Skaska
Großgrabe
Naundorf
Dörgenhausen
Milstrich
Bulleritz
Hausdorf
Schönteichen
Schwepnitz
22
Biehla
Schönau
Schönbach
Schiedel
Schmerlitz
Cunnersdorf
Zschornau
Wallfahrtskirche
Gottschdorf
Bernbruch
Deutschbaselitz
Schmorkau
Piskowitz
Neukirch
Weißbach
Lessingmuseum
Kamjenc
St. Marienkirche
Wendisch-baselitz
107
115

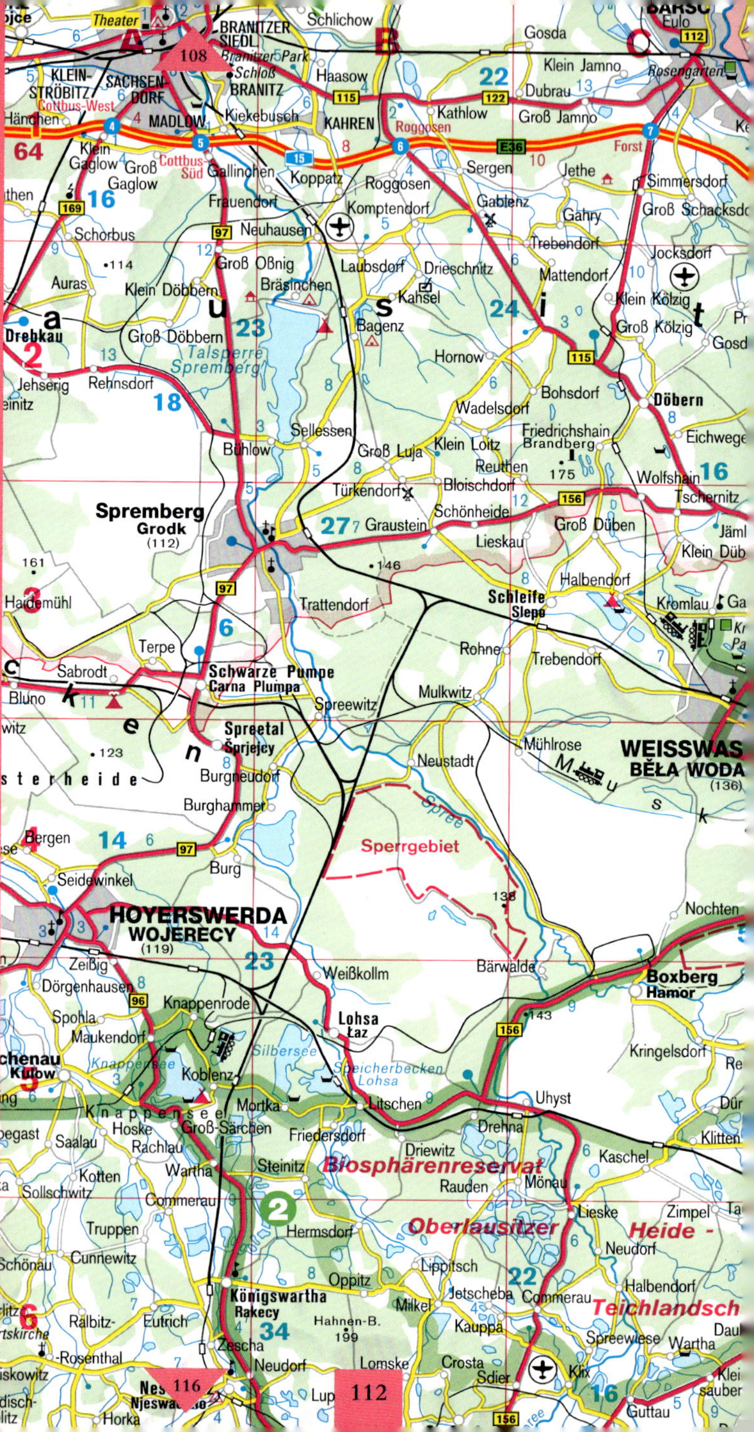
108
116
Cottbus-West
Cottbus-Süd
BRANITZER SIEDL.
Branitzer Park
Schloß
BRANITZ
KLEIN-STRÖBITZ
SACHSEN-DORF
MADLOW
Kiekebusch
KAHREN
Roggosen
Schlichow
Haasow
Gosda
Klein Jamno
Dubrau
Groß Jamno
Kathlow
Rosengarten
Eulo
Forst
Klein Gaglow
Groß Gaglow
Gallinchen
Koppatz
Roggosen
Sergen
Jethe
Simmersdorf
Groß Schacksdorf
Frauendorf
Neuhausen
Komptendorf
Gablenz
Gahry
Trebendorf
Jocksdorf
Schorbus
Groß Oßnig
Laubsdorf
Drieschnitz
Mattendorf
Auras
Klein Döbbern
Bräsinchen
Kahsel
Klein Kölzig
Groß Kölzig
Drebkau
Groß Döbbern
Bagenz
Talsperre Spremberg
Hornow
Jehserig
Rehnsdorf
Bohsdorf
Döbern
Wadelsdorf
Friedrichshain
Brandberg
Eichwege
Sellessen
Groß Luja
Klein Loitz
Bühlow
Reuthen
Wolfshain
Türkendorf
Bloischdorf
Tschernitz
Spremberg
Grodk
(112)
Graustein
Schönheide
Groß Düben
Lieskau
Klein Düben
Haidemühl
Halbendorf
Trattendorf
Schleife
Slepo
Kromlau
Terpe
Rohne
Trebendorf
Sabrodt
Schwarze Pumpe
Carna Plumpa
Bluno
Spreewitz
Mulkwitz
Spreetal
Šprjejcy
Mühlrose
WEISSWASSER
BĚŁA WODA
(136)
Neustadt
Burgneudorf
Burghammer
Spree
Sperrgebiet
Bergen
Burg
Seidewinkel
HOYERSWERDA
WOJERECY
(119)
Nochten
Zeißig
Dörgenhausen
Weißkollm
Bärwalde
Boxberg
Hamor
Knappenrode
Spohla
Maukendorf
Lohsa
Łaz
Kringelsdorf
Silbersee
Knappensee
Koblenz
Speicherbecken Lohsa
Uhyst
Mortka
Litschen
Hoske
Groß-Särchen
Friedersdorf
Drehna
Saalau
Rachlau
Driewitz
Kaschel
Wartha
Steinitz
Biosphärenreservat
Kotten
Sollschwitz
Commerau
Rauden
Mönau
Lieske
Zimpel
Truppen
Hermsdorf
Oberlausitzer
Heide -
Neudorf
Schönau
Cunnewitz
Lippitsch
Oppitz
Halbendorf
Königswartha
Rakecy
Jetscheba
Commerau
Teichlandsch
Milkel
Ralbitz-Rosenthal
Eutrich
Hahnen-B.
Kauppa
Spreewiese
Wartha
Zescha
Neudorf
Lomske
Crosta
Sdier
Klix
Guttau
Horka

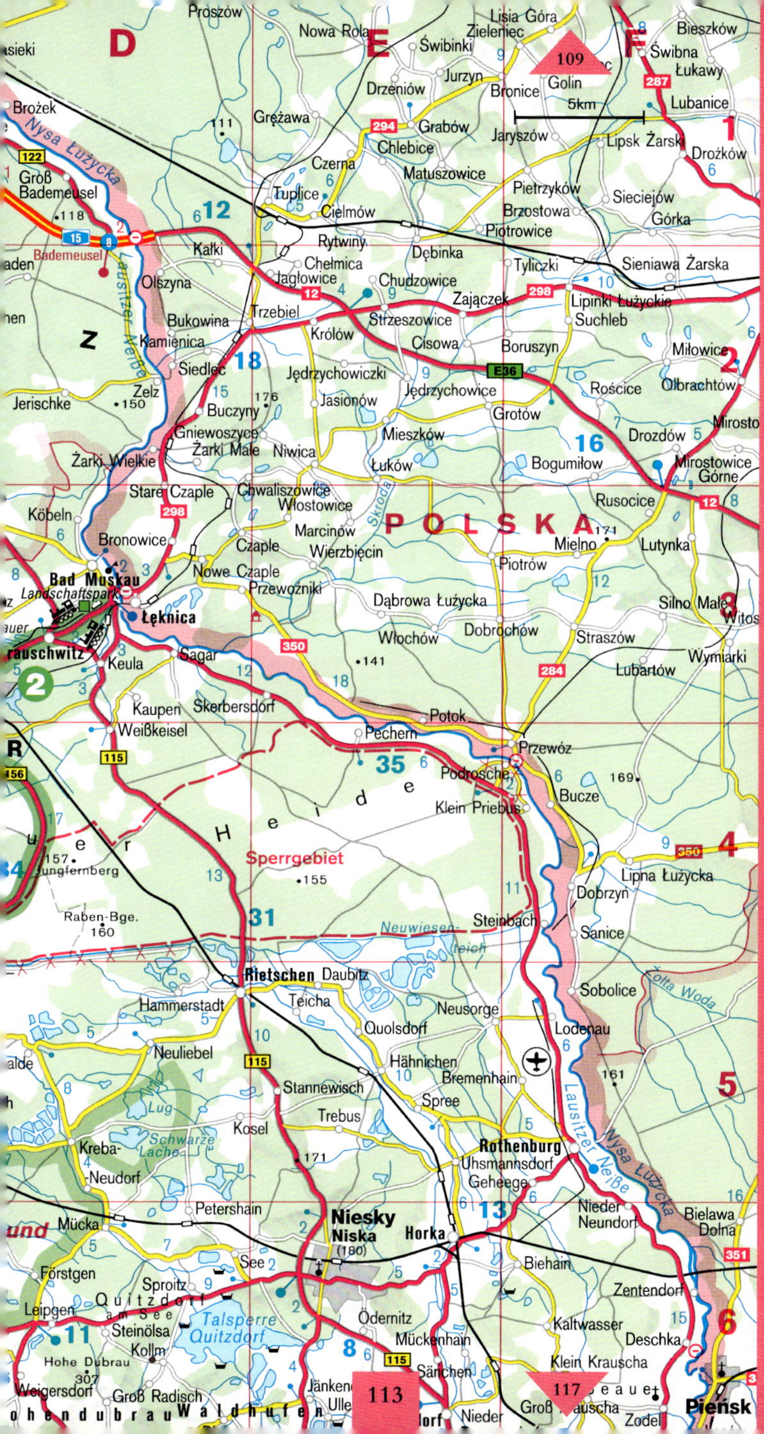

D
E
F
109
113
117
5km
1
2
3
4
5
6
Proszów
Nowa Rola
Lisia Góra
Zieleniec
Świbinki
Bieszków
Świbna
Łukawy
Jurzyn
Bronice
Golin
Drzeniów
Grabów
Lubanice
Gręzawa
Chlebice
Jaryszów
Lipsk Żarski
Drożków
Czerna
Matuszowice
Tuplice
Cielmów
Pietrzyków
Brzostowa
Sieciejów
Górka
Piotrowice
Rytwiny
Dębinka
Chełmica
Tyliczki
Sieniawa Żarska
Jagłowice
Chudzowice
Zajączek
Lipinki Łużyckie
Suchleb
Trzebiel
Strzeszowice
Królów
Cisowa
Boruszyn
Miłowice
Jędrzychowiczki
Jędrzychowice
Rościce
Olbrachtów
Jasionów
Grotów
Mirostowice
Mieszków
Drozdów
Bogumiłów
Mirostowice Górne
Łuków
Rusocice
Chwaliszowice
Włostowice
Marcinów
Wierzbięcin
POLSKA
Mielno
Lutynka
Piotrów
Dąbrowa Łużycka
Silno Małe
Witos
Włochów
Dobrochów
Straszów
Wymiarki
Lubartów
Potok
Przewóz
Pechern
Podrosche
Bucze
Klein Priebus
Lipna Łużycka
Dobrzyń
Sanice
Steinbach
Sobolice
Żółta Woda
Lodenau
Brożek
Nysa Łużycka
Groß Bademeusel
Bademeusel
Kałki
Olszyna
Bukowina
Kamienica
Siedlec
Zelz
Jerischke
Buczyny
Gniewoszyce
Żarki Małe
Niwica
Żarki Wielkie
Stare Czaple
Köbeln
Bronowice
Czaple
Nowe Czaple
Przewoźniki
Bad Muskau
Landschaftspark
Łęknica
Krauschwitz
Keula
Sagar
Kaupen
Skerbersdorf
Weißkeisel
Lausitzer Neiße
Heide
Sperrgebiet
Jungfernberg
Raben-Bge.
Neuwiesenteich
Rietschen
Daubitz
Teicha
Hammerstadt
Neusorge
Quolsdorf
Neuliebel
Hähnichen
Bremenhain
Stannewisch
Spree
Kosel
Trebus
Lug
Schwarze Lache
Kreba-Neudorf
Rothenburg
Uhsmannsdorf
Geheege
Petershain
Mücka
Niesky
Niska
Horka
Nieder Neundorf
Bielawa Dolna
See
Förstgen
Biehain
Sproitz
Quitzdorf am See
Zentendorf
Leipgen
Steinölsa
Talsperre Quitzdorf
Ödernitz
Kaltwasser
Deschka
Kollm
Mückenhain
Hohe Dubrau
Sänitz
Klein Krauscha
Weigersdorf
Groß Radisch
Jänkendorf
Ullersdorf
Nieder
Groß Krauscha
Zodel
Pieńsk
Hohendubrau
Waldhufen
E36

110
Großenhain
Großenhainer Pflege
Nünchritz
Glaubitz
Radewitz
Colmnitz
Nasseböhla
Skäßchen
Schönborn
Adelsdorf
Brockwitz
Lampertswalde
Liega
Roda
Wildenhain
Zschaiten
Skassa
Folbern
Quersa
Schönfeld
Thiendorf
Weißig
Weßnitz
Rostig
Kalkreuth
Bieberach
Lötzschen
Boritz
Goltzscha
Zschauitz
Cunnersdorf
Großteich
Dobra
Medessen
Strießen
Göhra
Freitelsdorf
Zschorna
Merschwitz
Neuseußlitz
Priestewitz
Reinersdorf
Nauleis
Niederebersbach
Kleinnaundorf
Zottewitz
Lenz
Hohndorf
Rödern
Große Röder
Nieder Lommatzsch
Schloß
Blattersleben
Altleis
Beiersdorf
Oberebersbach
Diesbar-Seußlitz
Baßlitz
Radeburg
Wölkisch
Kmehlen
Gävernitz
Böhla
Naunhof
Nieschütz
Großdobritz
Sächsische Weinstraße
Jessen
Steinbach
Piskowitz
Zehren
Ockrilla
Bärwalde
Diera
Gröbern
Berbisdorf
Medingen
Bohnitzsch
Promnitztal
Seilitz
Niederau
Marsdorf
Albrechtsburg
Dom
MEISSEN
Jagdschloß
Moritzburg
Auer
Bärnsdorf
Niederjahna
Oberjahna
Schletta
Porzellanmanufaktur
St. Afrakirche
Weinböhla
Deutsche Alleenstraße
Volkersdorf
Käbschütztal
Neusörnewitz
Friedewald
Deila
Löthain
Bockwen
Sörnewitz
COSWIG
Dreieck Dresden
Flughafen Dresden
Triebischtal
Brockwitz
Reichenberg
Wilschdorf
Garsebach
Nössige
Schloß
Lindenau
Boxdorf
KLOTZSCHE
Polenz
Riemsdorf
Scharfenberg
Gauernitz
Elbe
Rähnitz
Dr. Flughafen
Krögis
Karl-May-Museum
Dresden-Hellerau
Miltitz
Ullendorf
Constappel
RADEBEUL
Dresden-Wilder Mann
Taubenheim
Röhrsdorf
Cossebaude
TRACHAU
Heynitz
Bayerhöhe
Kleinschönberg
Weistropp
KADITZ
PIESCHEN
Munzig
Klipphausen
Oberwartha
MICKTEN
Wendischbora
Deutschenbora
XII/99
Rothschönberg
Burkhardswalde
Sora
Brabschütz
Mobschatz
Dresden-Neustadt
Dresden-Altstadt
NEUSTADT
Semperoper
ALTSTADT
Ockerwitz
BRIESNITZ
Unkersdorf
COTTA
Hofkirche
Wilsdruff
Dresdner Tor
Gompitz
Zwinger
Albertinum
Elbamare
LÖBTAU
Tanneberg
Limbach
Wilsdruff
Grumbach
Kesselsdorf
PLAUEN
Hirschfeld
Blankenstein
Neukirchen
Helbigsdorf
Niederhermsdorf
Pesterwitz
Zauckerode
KAITZ
Reinsberg
Herzogswalde
Braunsdorf
Kleinopitz
Mohorn
Pohrsdorf
Großopitz
Wind-B.
Bannewitz
Dittmannsdorf
Grund
Fördergersdorf
Tharandt
Kleinnaundorf
Goppeln
Hartha
FREITAL
Rippien
Possendorf
Krummenhennersdorf
Hetzdorf
Somsdorf
Obernaundorf
Bärenklause-Kautzsch
Kleincarsdorf
Tharandter Wald
Niederschöna
Rabenau
Grillenburg
Lübau
Oelsa
Karsdorf
Kreischa
Jagdschloß
Felsenmühle
Borlas
Coradsdorf
Naundorf
Kleindorfhain
Seifersdorf
Großdorfhain
Höckendorf
Hermsdorf
Schmohlhöhe
Malter
Oberhäslich
Hilbersdorf
Klingenberg
Obercunnersdorf
Talsperre Malter
Colmnitz
Ruppendorf
Reinholdshain
Steinberg
Dippoldiswalde
FREIBERG
Niederbobritzsch
Talsperre Klingenberg
Reinhardtsgrimma
Sohra
Beerwalde
Niederfrauendorf
Zug
Reichstädt
Ulberndorf
Weißenborn
Bobritzsch
Pretzschendorf
Obercarsdorf
Oberfrauendorf
Berthelsdorf
Oberbobritzsch
Röthenbach
Deutsche Alleenstraße
Kohlkuppe
Glashütte
Sadisdorf
Schmiedeberg
Lichtenberg
Talsperre Lehnmühle
Johnsbach
114

D
E
F
111
Biehla
Schönbach
Cunnersdorf
Zschornau
Schiedel
Schmerlitz
Wallfahrtskirche
Deutschbaselitz
Piskowitz
Röhrsdorf
Schmorkau
Gottschdorf
1999
Kamenz
Kamjenc
Neukirch
Brauna
Wendisch-baselitz
Weißbach
Lessingmuseum
St. Marienkirche
Nebelschütz
Schwosdorf
Koitzsch
Lückersdorf
Thonberg
Schmeckwitz
Königsbrück
Wiesa
Reichenau
Gelenau
Laußnitzer
Gräfenhain
Panschwitz-Kuckau
Pančicy-Kukow
Laußnitz
Reichenbach
Bischheim-Häslich
Prietitz
Hinterer Buchberg
245
Keulenberg
413
Höckendorf
Oberlichtenau
Gersdorf-Möhrsdorf
Elstra
Kriepitz
Ostro
Jiedlitz
Heide
Friedersdorf
Rauschwitz
Kleinhänchen
Steina
Gödlau
Großnaundorf
Kindisch
Hochstein
448
Uhyst am Taucher
Ottendorf-Okrilla
Lomnitz
Pulsnitz
Burkau
Lichtenberg
Ohorn
Hermsdorf
Kleindittmannsdorf
Oberrammenau
Butter-B.
384
Barockschloß
E40
Bretnig-Hauswalde
Rammenau
Grün-berg
Seifersdorf
Wachau
Leppersdorf
Weixdorf
Schönborn
Groß-röhrsdorf
Bischofswerda
(280)
Langebrück
Liegau-Augustusbad
Frankenthal
Schloß Klippenstein
Kleinröhrsdorf
Goldbach
Prießnitz-wasserfall
Wallroda
Großharthau
Putzkau
Radeberg
Arnsdorf
Seeligstadt
Großdrebnitz
Dresdener Heide
Kleinwolmsdorf
Bühlau
255
Großerkmannsdorf
Fischbach
Schmiedefeld
DRESDEN
(120)
Ullersdorf
Lauterbach
WEISSER HIRSCH
BÜHLAU
Rennersdorf-Neudörfel
Rückersdorf
Schönfeld-Weißig
Wilschdorf
(356)
383
Langenwolmsdorf
Gönnsdorf
Dittersbach
Stolpen
Burg
Helmsdorf
STRIESEN
WACHWITZ
Cunnersdorf
Schullwitz
Hygienemuseum
Großer Garten
Pappritz
Eschdorf
Polenz
Neustadt in Sachsen
TOLKEWITZ
Schönfeld
Dürrröhrsdorf
LAUBEGAST
Rockau
Malschendorf
Dobra
Stürza
Cunnersdorf
Borsberg
Wünschendorf
LEUBEN
Porschendorf
Heeselicht
Nationalpark
Schloß PILLNITZ
Graupa
Liebethal
Krumhermsdorf
PROHLIS
Lohmen
NIEDER-SEDLITZ
MEUSSLITZ
SÖBRIGEN
Sächsische Weinstraße
Ehrenberg
GROSSLUGA
Rathewalde
Hohnstein
Uttewalde
Lohsdorf
LOCKWITZ
Birkwitz
PIRNA
(120)
Rathen
Waitzdorfer Höhe
Borthen
Rathaus
Stadt Wehlen
Bastei
413
Ulbersdorf
Heidenau
Pratzschwitz
Goßdorf
Röhrsdorf
Barockgarten
Marienkirche
Dorf Wehlen
Elbsandsteingebirge
Görknitz
Dohna
Deutsche Alleenstraße
Weißig
Naundorf
Porschdorf
Struppen
Thürmsdorf
Lilienstein
Rathmannsdorf
Weesenstein
Krebs
Zehista
411
Schloß
Kritzschwitz
Müglitztal
Meusegast
Rottwerndorf
Festung
Bad Schandau
Maxen
Dohma
Neundorf
Königstein
Gohrisch
Burkhardswalde
Leupoldishain
Elbe
Mühlbach
Nentmannsdorf
Cotta
390
Pfaffendorf
Krippen
Hausdorf
Friedrichswalde
Langenhennersdorfer Wasserfall
Pfaffenstein
Papstdorf
Reinhardtsdorf
Großröhrsdorf
Ottendorf
Cunnersdorf
Borna
Langenhennersdorf
Schlottwitz
Berggießhübel
Bielatal
Kleingießhübel
Niedermühle
Bahretal
Bahra
Schloß Kuckuckstein
Zschirnstein
560
Liebstadt
Bad Gottleuba
Rosenthal-
Berthelsdorf
Bahratal
Hartmannsbach
Döbra
445
5km
Dittersdorf
Börnersdorf
Talsperre Gottleuba
Děčín

112

A
B
C
Königswartha
Rakecy
Oppitz
Jetscheba
Commerau
Halbendorf
Milkel
Kauppa
Hahnen-B.
199
Ralbitz-
Rosenthal
Zescha
Neudorf
Lomske
Crosta
Sdier
Klix
Spreewiese
Wartha
Neschwitz
Njeswačidło
Luppa
Brohna
Großdubrau
Wulka Dubrawa
Luttowitz
Quatitz
Guttau
Gleina
Horka
Räckelwitz
Wetro
Luga
Quoos
Radibor
Puschwitz
Saritsch
Loga
Cölln
Niedergurig
Malschwitz
Malešecy
Preititz
Baruth
Doberschütz
Kleinbautzen
Rackel
Kloster St. Marienstern
Crostwitz
Storcha
Kleinwelka
Mały Wjelkow
Talsperre Bautzen
Niederkaina
Purschwitz
Siebitz
Prischwitz
Urzoo
Bautzen-Ost
Ostro
Jiedlitz
Zscharnitz
Salzenforst-Bolbritz
Ortenburg
ADAC
Coblenz
Bautzen-West
Petri-dom
BAUTZEN
BUDYŠIN
Wurschen
Drehsa
Uhyst
Uhyst a.T.
am Taucher
Nedaschütz
Jannowitz
Großhänchen
Stiebitz
Alte Wasserkunst
Kubschütz
Kubšicy
Göda
Hodźij
Auritz
Pommritz
Lauske
Pohla
Rothnaußlitz
Seitschen
Grubschütz
Hochkirch
Bukecy
Doberschau
Dobruša
Blösa
Schönbrunn
Medewitz
Binnewitz
Meschwitz
Plotzen
Demitz-Thumitz
Gnaschwitz-
Hnašecy-
Ebendörfel
Rachlau
Thromberg
430
Wuischke
Gaußig
Huska
Landschafts-park
Obergurig
Hornja Hórka
Großpostwitz
Budestecy
Czorneboh
Großdehsa
Schmölln-
Tröbigau
Naundorf
Picho
498
555
Schönberg
Rodewitz
Eulowitz
Cunewalde
Kleindehsa
Putzkau
Neukirch
Wilthen
Kirschau
Weigsdorf-Köblitz
Lauba
Weifaer Höhe
504
Crostau
Bieleboh
499
Lawalde
Schirgiswalde
586 Ringenhain
Valtenberg
Weifa
Markt
487
Beiersdorf
Schönbach
Niederottendorf
Steinigtwolmsdorf
Wehrsdorf
Lindenberg
Oppach
Dürrhennersdorf
Taubenheim
Neusalza-Spremberg
424
Berthelsdorf
Hutberg
502
Sohland an der Spree
Hohwald
Neudorf
Rožany
Harrachov
Friedersdorf
Severní
Lobendava
Langburkersdorf
Lipová
Ebersbach
Jiříkov
Neustadt in Sachsen
Ječný vrch
502
ČESKÁ
Šluknov
Velký Šenov
(347)
Království
Rugiswalde
Unger
537
Horní Poustevna
Vilémov
Dolní Poustevna
Valdek
441
Staré Hraběci
608
Hrazený
REPUBLIKA
Schönbach
(280)
Sebnitz
Taneční
597
Mikulášovice
Nové Křečany
Dolní Křečany
Staré Křečany
Rumburk
Amtshainersdorf
Ulbersdorf
Lichtenhain
Wachberg
496
Brtníky
580
516
Zahrady
Ottendorf
Saupsdorf
Sächs. Schweiz
Kirnitzschtal
Lichtenhainer Wasserfall
Vlčí Hora
Krásný Buk
Krásná Lípa
Hinterhermsdorf
Kyjov
Studánka
Varnsdorf
Schrammstein-aussicht
Elbe
Großer Winterberg
556
458
Raumberg
486
Bor
Doubice
Reinhardtsdorf-Schöna
Schmilka
Pravčická brána
Rybniště
Horní Podluží
Jiretín pod Jedlovou
Hřensko
Babylon
Chřibská
774
Jedlová
Gießhübel
Mezná
Janov
Rynartice
Vysoká Lípa
Jetřichovice
Studený
Krásné Pole
Labská Stráň
Růžová
Studenec
736
Křížový Buk
Dolní Žleb
Všemily
Arnoltice
Růžovský vrch
619
Bynovec
Srbská Kamenice
Kunratice
Líska
Kytlice
Maxičky
Nová Oleška
Česká Kamenice
Mlýny
Lužické hory
České Švýcarsko
Lausitzer Bergland
Oberlausitz

113
Sproitz
Quitzdorf am See
Talsperre Quitzdorf
Leipgen
Steinölsa
Kollm
Hohe Dubrau
307
Weigersdorf
Groß Radisch
Waldhufen
Diehsa
Thräna
Gebelzig
214
Nieder Seifersdorf
Arnsdorf
IV/1999
Prachenau
Ödernitz
Mückenhain
Särichen
Jänkendorf
Ullersdorf
Kodersdorf
Nieder Rengersdorf
Wiesa
Thiemendorf
Ober Rengersdorf
Kunnersdorf
Königshainer
Hilbersdorf
Totenstein
Zentendorf
Deschka
Klein Krauscha
Neißeaue
Groß Krauscha
Zodel
Pieńsk
Lasów
Ludwigsdorf
Görlitz
E40
Weißenberg
Wóspork
Buchholz
Tetta
Vierkirchen
Melaune
Maltitz
Nostitz
Meuselwitz
Lautitz
Glossen
Kleinradmeritz
Kittlitz
Bellwitz
Zoblitz
Rosenhain
Georgewitz
Löbau
(267)
Löbauer Berg
449
Kämpferberge
416
Dittmannsdorf
Berge
Mengelsdorf
Königshain
Schöpstal
ADAC
GÖRLITZ
Girbigsdorf
(221)
Untermarkt
Kaisertrutz
Rathaus
Markersdorf
Reichenbach
Landeskrone
419
Weinhübel
ZGORZELEC
(GÖRLITZ)
Łagów
Gersdorf
Pfaffendorf
Sohland am Rotstein
454
Rotstein
Deutsch-Paulsdorf
Friedersdorf
Kunnerwitz
Jauernick-Buschbach
Koźlice
Tylice
Droga Sudecka
352
Bischdorf
Rosenbach
Herwigsdorf
Ebersdorf
Kleinschweidnitz
Schweidnitz
178
Ottenhain
Niedercunnersdorf
Kemnitz
Schönau-Berzdorf auf dem Eigen
Altbernsdorf auf dem Eigen
Hagenwerder
Osiek Łużycki
Łomnica
Radomierzyce
Leuba
Niedów
Wilka
Bernstadt auf dem Eigen
Kiesdorf auf dem Eigen
Ręczyn
Strahwalde
Berthelsdorf
Obercunnersdorf
Rennersdorf
Herrnhut
Dittersbach
379
Knorrberg
Ostritz
Zisterzienserinnenkloster
Krzewina
Lutogniewice
Boleslav
Bratków
Nysa Łużycka
Kottmar
583
Neudorf auf dem Eigen
Ruppersdorf
Großhennersdorf
Schlegel
Woj.
Wolanów
Działoszyn
Wyszków
356
Jelenio-
górskie
CZ
Eibau
Oberoderwitz
Neueibau
Spitz-B.
511
Niederoderwitz
Schanzberg
408
Dittelsdorf
Hirschfelde
Trzciniec
Zatonie
Strzegomice
Turoszów
Oberseifersdorf
Wittgendorf
1999
Mittelherwigsdorf
Eckartsberg
Spitzkunnersdorf
544
Mandau
Lausitzer Neiße
Bogatynia
Hainewalde
Hörnitz
Johanniskirche
Sieniawka
Rybarzowice
Zittau
Rathaus
(240)
510
Großschönau
Bertsdorf
Porajów
POLSKA
Opolno-Zdrój
Jasna Góra
Vysoký
Olbersdorf
Kopaczów
Václavice
Horní Vítkov
Podluží
Walfersdorf
Zittauer Gebirge
Lausche
792
Jonsdorf
Töpfer
582
Hartau
Hrádek nad Nisou
271
Grabštejn
Dolní Vítkov
Bílý Kostel nad Nisou
Chrastava
Oybin
Dolní Světlá
Krompach
Juliovka
749
Hochwald
Lückendorf
Chotyně
Dolní Sedlo
Dolní Suchá
Lužická Nisa
E442
Andělská Hora
5km
Machnín
Milštejn
Mařenice
Petrovice
Heřmanice v Podještědí
Rousínov
Naděje
Mařeničky
Jitrava
789
Vápenný
Detřichov
Kunratice
Dolní Podluží

LEGENDE REISEATLAS

Autobahn mit Anschlußstelle und Anschlußnummer	Idstein 45 Viernheim	Motorway with junction and junction number
Autobahn in Bau mit voraussichtlichem Fertigstellungsdatum	Datum Date	Motorway under construction with expected date of opening
Rasthaus mit Übernachtung · Raststätte	Kassel	Hotel, motel · Restaurant
Kiosk · Tankstelle		Snackbar · Filling-station
Autohof · Parkplatz mit WC	P	Truckstop · Parking place with WC
Autobahn-Gebührenstelle		Toll station
Autobahnähnliche Schnellstraße		Dual carriageway with motorway characteristics
Autobahn oder autobahnähnliche Schnellstraße in Planung		Motorway or dual carriageway with motorway characteristics, projected
Fernverkehrsstraße		Trunk road
Hauptverbindungsstraße		Important main road
Verbindungsstraße		Main road
Nebenstraßen		Secondary roads
Fahrweg · Fußweg		Carriageway · Footpath
Gebührenpflichtige Straße		Toll road
Straße für Kraftfahrzeuge gesperrt		Road closed for motor vehicles
Straße für Wohnanhänger gesperrt		Road closed for caravans
Straße für Wohnanhänger nicht empfehlenswert		Road not recommended for caravans
Autofähre		Car ferry
Hauptbahn · Bahnhof · Tunnel		Main line railway · Station · Tunnel
Autozug-Terminal		Autorail station
Besonders sehenswertes kulturelles Objekt	Neuschwanstein	Cultural site of particular interest
Besonders sehenswertes landschaftliches Objekt	Breitachklamm	Landscape of particular interest
Landschaftlich schöne Strecke		Route with beautiful scenery
Touristenstraße	Hanse-Route	Tourist route
Museumseisenbahn		Tourist train
Kirche, Kapelle · Kirchenruine		Church, chapel · Church ruin
Kloster · Klosterruine		Monastery · Monastery ruin
Schloß, Burg · Burgruine		Palace, castle · Castle ruin
Turm · Funk-, Fernsehturm		Tower · Radio or TV tower
Denkmal · Soldatenfriedhof		Monument · Military cemetery
Ruinenstätte, frühgeschichtliche Stätte · Höhle		Archaeological excavation, ruins · Cave
Hotel, Gasthaus, Berghütte		Hotel, inn, refuge
Campingplatz · Jugendherberge		Camping site · Youth hostel
Schwimmbad, Erlebnisbad, Strandbad · Golfplatz		Swimming pool, leisure pool, beach · Golf-course
Sonstige bedeutende Objekte		Other important objects

5 km

Dieses Register enthält alle erwähnten Orte, Ausflugsziele und die wichtigsten Berge. Halbfette Seitenzahlen verweisen auf den Haupteintrag, kursive auf ein Foto.

Was bekomme ich für mein Geld?

Die Lausitz und der Spreewald gehören zu den preiswerten Urlaubsregionen Deutschlands. Besonders in der Oberlausitz werden Sie über die Gaststättenpreise staunen, denn oft kosten die Hauptgerichte weniger als 15 Mark! Privatzimmer für 2 Personen mit Frühstück gibt es ab 50 Mark. Für die zweistündige Kahnfahrt haben Sie 8 bis 10 Mark zu zahlen, für die kleine, 4 Std. dauernde Rundfahrt etwa 13 Mark, die große Ganztagesfahrt mit zwei Pausen kostet zwischen 16 und 18 Mark. Kinder bis zu 12 Jahren zahlen die Hälfte. Wer mit dem Paddelboot auf den Spreewaldfließen sein eigener Kapitän sein möchte, hat für die Std. 5 Mark und für den ganzen Tag 30 Mark zu zahlen. Die Fahrt mit der Waldeisenbahn von Weißwasser nach Bad Muskau und zurück kostet 10 Mark, wird der Zug aber nicht von einer Diesel-, sondern von einer Dampflok gezogen, sind 6 Mark Zuschlag zu entrichten. Eine Familie mit zwei Kindern (die ermäßigt fahren) hat insgesamt 50 Mark zu bezahlen. Nicht vergessen werden sollten bei der Planung des Urlaubsbudgets die Parkgebühren. Im Kurort Oybin (aber nicht nur dort) bleibt keine andere Möglichkeit, als das Auto auf gebührenpflichtigen Plätzen abzustellen. Wenn Sie eine Wanderung unternehmen, sollten Sie schon 6 Mark einplanen, denn die sind ab 6 Std. Parkdauer zu zahlen. Für die Führung durch das Zittauer Rathaus haben Sie 3 Mark zu zahlen, die Teilnahme an der öffentlichen Stadtführung durch die Görlitzer Altstadt kostet 5 Mark. Auf der Oberoderwitzer Sommerrodelbahn dürfen Sie für 3 Mark den Berg hinabsausen. Im Trixi-Park Zittauer Gebirge in Großschönau kostet die Tageskarte für das Freizeitbad 16 Mark, für Kinder und Jugendliche 13 Mark. Viele Aussichtstürme können kostenlos bestiegen werden. Die Museumseintrittspreise betragen im Höchstfall 4 Mark, an den Kassen des Saurierparks Kleinwelka sind 4 Mark zu zahlen, die Märchenspiele in Oybin dürfen für 2 Mark betrachtet werden, Kinder sind für den halben Preis dabei. Eine Karte für den »Traditionellen Mönchszug« auf dem Berg Oybin kostet 6 Mark, für Kinder 3 Mark.